조선 사람들의 소망이 담겨 있는
신사임당
갤러리

조선 사람들의 소망이 담겨 있는 *신사임당* 갤러리

1판 1쇄 발행 2016년 9월 23일
1판 15쇄 발행 2024년 5월 27일

글 이광표 **그림** 이예숙
펴낸이 윤상열
기획편집 최은영 김민정
디자인 최미순
마케팅 윤선미
경영관리 김미홍
펴낸곳 도서출판 그린북
출판등록 1995년 1월 4일(제10-1086호)
주소 서울시 마포구 방울내로11길 23 두영빌딩 302호
전화 02-323-8030~1 팩스 02-323-8797
이메일 gbook01@naver.com
블로그 greenbook.kr

글 ⓒ 이광표 2016

이 책의 저작권은 저자와 출판사에 있습니다.
서면에 의한 저자와 출판사의 허락없이 내용의 일부를 인용하거나 발췌하는 것을 금합니다.

ISBN 978-89-5588-324-4 73650

*파손된 책은 구입하신 곳에서 교환해 드립니다.
*이 도서의 국립중앙도서관 출판예정도서목록(CIP)은 서지정보유통지원시스템 홈페이지(http://seoji.nl.go.kr)와
 국가자료공동목록시스템(http://www.nl.go.kr/kolisnet)에서 이용하실 수 있습니다.(CIP제어번호: CIP2016020464)

어린이제품안전특별법에 의한 표시
품명 어린이 도서 **제조국** 대한민국 **사용연령** 8세 이상 **주의사항** 책 모서리에 다치지 않도록 주의하세요

조선 사람들의 소망이 담겨 있는

신사임당

갤러리

글 이광표 그림 이예숙

그린북

지은이의 말

우리 역사에서 존경할 만한 여성을 이야기할 때, 첫 손가락에 꼽는 인물은 십중팔구 신사임당일 것입니다. 신사임당은 조선 시대 최고 성리학자 가운데 한 명인 율곡 이이를 낳고 기른 인물입니다. 강릉으로 여행을 가면 모두들 들르는 오죽헌은 신사임당과 이율곡이 태어난 곳이지요.

우리는 지갑 속에 돈을 넣고 다닙니다. 가장 액수가 큰 것이 5만 원권인데, 그 앞면을 보면 누구의 얼굴이 그려져 있나요? 신사임당입니다. 우리나라에서 가장 비싼 지폐에 등장하는 인물이 바로 신사임당이라는 사실. 대단하다는 생각이 들지 않나요?

그럼, 5만 원권 앞면을 한 번 더 자세히 들여다볼까요? 먼저 신사임당이 보이고, 그 초상 옆에 포도그림이 있습니다. 바로 신사임당이 그린 작품입니다. 신사임당은 다양한 재능을 지닌 조선 시대 여성이었고 가장 두드러진 재능이 그림 실력이었습니다. 조선 시대 최고의 여성 화가로 꼽힐 정도였으니까요. 신사임당은 특히 초충도를 잘 그렸습니다. 물론 산수화도 잘 그렸고 새와 동물 그림도 잘 그렸습니다. 그래서 살아 있을 당시부터 그림으로 명성을 날렸다고 하

지요. 또한 시도 잘 짓고 글씨도 잘 썼습니다.

  그런데 신사임당은 이에 그치지 않았습니다. 착한 효녀였으며, 어질고 현명한 아내이자 어머니였으니까요. 그래서 우리는 신사임당을 현모양처라고 부르기도 하지요. 보통 현모양처라고 하면 자칫 수동적인 여성으로 받아들일 수 있습니다. 하지만 그렇지 않습니다. 신사임당은 진취적이고 자주적인 여성이었습니다. 신사임당이 보여준 삶의 흔적을 따라가 보면 쉽게 이해할 수 있습니다. 조선 시대에 여성으로서 이렇게 적극적으로 예술적인 창작 활동을 했다는 점 하나만으로도 신사임당은 진취적인 인물로 평가 받기에 충분하지요. 조선 시대는 남성 중심의 사회였기에, 여성이 예술 활동을 한다는 것 자체가 매우 어려운 일이었어요. 조선 시대 여성 중에서 이런 성취를 찾아보기는 매우 어렵습니다. 그렇기에 신사임당의 성취는 더더욱 돋보입니다.

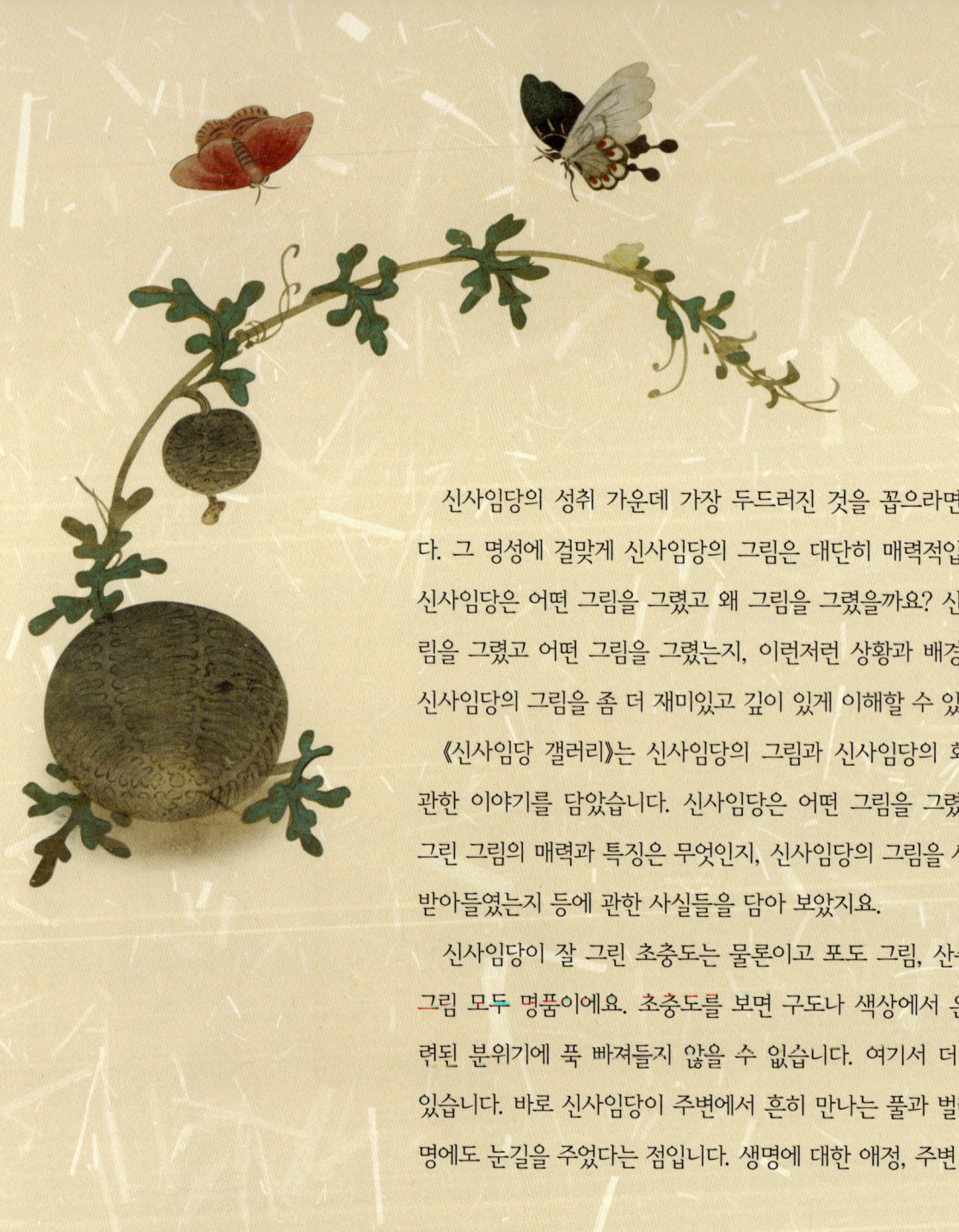

　신사임당의 성취 가운데 가장 두드러진 것을 꼽으라면 단연 그림입니다. 그 명성에 걸맞게 신사임당의 그림은 대단히 매력적입니다. 그렇다면, 신사임당은 어떤 그림을 그렸고 왜 그림을 그렸을까요? 신사임당이 왜 그림을 그렸고 어떤 그림을 그렸는지, 이런저런 상황과 배경을 접하게 되면 신사임당의 그림을 좀 더 재미있고 깊이 있게 이해할 수 있을 것입니다.

　《신사임당 갤러리》는 신사임당의 그림과 신사임당의 화가로서의 삶에 관한 이야기를 담았습니다. 신사임당은 어떤 그림을 그렸고, 신사임당이 그린 그림의 매력과 특징은 무엇인지, 신사임당의 그림을 사람들은 어떻게 받아들였는지 등에 관한 사실들을 담아 보았지요.

　신사임당이 잘 그린 초충도는 물론이고 포도 그림, 산수화, 동물과 새 그림 모두 명품이에요. 초충도를 보면 구도나 색상에서 은근하면서도 세련된 분위기에 푹 빠져들지 않을 수 없습니다. 여기서 더 주목할 부분이 있습니다. 바로 신사임당이 주변에서 흔히 만나는 풀과 벌레 그 미미한 생명에도 눈길을 주었다는 점입니다. 생명에 대한 애정, 주변 일상에 대한 관

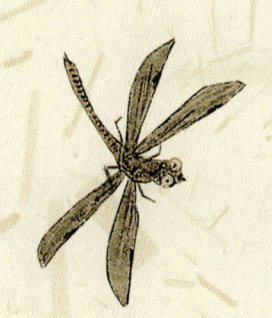

    심이 있었기에 이렇게 따스하고 아름다운 그림을 창작할 수 있었지요.

    그림은 그린 사람의 삶과 인품을 반영한다는 말이 있지요. 신사임당의 그림이 바로 그런 사례입니다. 다시 한 번 5만 원권 앞면을 들여다볼까요? 신사임당의 초상과 함께 한 폭의 투명하고 아름다운 포도 그림이 눈에 들어옵니다. 이 작품의 전체 모습을 보면 더더욱 아름다울 거예요. 먹 하나만으로 포도를 그렸는데, 포도는 매우 싱그럽고 탐스럽습니다. 보는 사람을 참 기분 좋게 하지요.

    신사임당은 그런 인물입니다. 싱그럽고 아름답고 그윽한 사람. 이 책을 읽고 신사임당의 그림을 감상하고 나면, 5만 원권을 보는 느낌이 달라질 것입니다. 어디 이뿐인가요? 강릉 오죽헌과 경포대 여행도 더욱 멋진 의미로 다가올 거예요.

2016년 가을 이광표

지은이의 말 __ 8

제1부

신사임당을 만나러 가자! • 14

신사임당은 어떻게 일생을 보냈나? • 16
신사임당의 그림 재능은 어땠나? • 20
어머니에 대한 그리움을 시에 담다 • 24
시대의 한계를 뛰어넘어 진취적인 삶을 살다 • 30
신사임당은 어떤 그림을 그렸을까? • 36
강릉에서 신사임당을 만나다 • 44

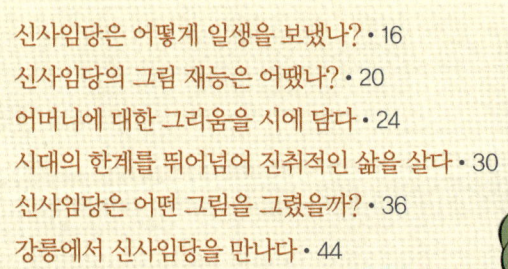

제2부

신사임당의 그림을 보러 가자! · 48

국립중앙박물관 소장 초충도 병풍

1폭 〈수박과 들쥐〉 묵직한 수박 위로 나비가 훨훨! · 52
2폭 〈가지와 방아깨비〉 개미는 꽃을 향해, 벌은 가지를 향해 · 58
3폭 〈오이와 개구리〉 오이와 개구리에 담긴 청색의 깨끗함 · 64
4폭 〈양귀비와 도마뱀〉 화려한 양귀비꽃, 단정한 패랭이꽃 · 70
5폭 〈맨드라미와 쇠똥벌레〉 맨드라미 주위로 나비, 쑥부쟁이, 쇠똥벌레 · 76
6폭 〈원추리와 개구리〉 원추리꽃의 가는 줄기에 매미 한 마리! · 82
7폭 〈어숭이와 개구리〉 해를 향해 핀 어숭이꽃과 뛸 준비 중인 개구리 · 88
8폭 〈여뀌와 사마귀〉 붉은 여뀌 이삭꽃과 푸른 나팔꽃 · 94

오죽헌·시립박물관 소장 초충도 병풍

1폭 〈오이와 메뚜기〉 시선의 땅과 타원형의 오이 덩굴!
2폭 〈물봉선화와 쇠똥벌레〉 지그재그 곡선이 위로 쭉쭉! · 102
3폭 〈수박과 여치〉 섬세하고 사실적인 수박 덩굴손
4폭 〈가지와 사마귀〉 커다란 가지 줄기, 작은 들국화 · 108
5폭 〈맨드라미와 개구리〉 맨드라미와 도라지꽃이 이룬 대비
6폭 〈양귀비와 풀거미〉 소용돌이 치는 듯한 양귀비 · 114
7폭 〈봉선화와 잠자리〉 왼쪽에 봉선화, 오른쪽에 엉겅퀴
8폭 〈원추리와 벌〉 율동감 넘치는 원추리, 단정한 국화 · 120

신사임당의 다른 그림들

《사임당화첩》 〈수박과 패랭이〉 육중하고 당당한 수박
〈꽈리와 잠자리〉 꽈리와 쑥부쟁이가 단정하게! · 128
〈물소〉 사실적인 소의 육중한 몸체
〈물새〉 간결하고 서정적인 물새의 모습 · 132

간송미술관 〈포도도〉 주렁주렁 탐스럽게 매달려 있는 포도송이 · 136
〈맨드라미와 개구리〉 색을 강하게 쓰지 않고 부드럽게
〈수박과 나비〉 과감하고 힘 있게 배치된 수박 두 덩이! · 140

국립중앙박물관 〈산수화〉 저녁놀로 물든 바닷가 풍경 · 144

제3부

신사임당 그림의 비밀과 매력을 알아보자! · 148

신사임당이 그린 초충도의 아름다움 · 150
아들 율곡 덕분에 더 유명해진 초충도 · 154
겸재 정선도 따라 그린 사임당 초충도 · 156
초충도는 수를 놓기 위한 그림? · 160
5만 원권에 신사임당이 등장하는 까닭 · 164

찾아보기 __168

師任堂

제1부

신사임당을 만나러 가자!

신사임당은 어떻게 일생을 보냈나?

〈신사임당 영정〉, 김은호, 오죽헌·시립박물관 소장

신사임당은 시서화(詩書畵)에 능한 조선 시대 여성이었습니다. 말 그대로 시도 잘 짓고 글씨도 잘 썼던 문인이자 그림도 잘 그린 화가였지요. 하지만 우리에게는 조선 성리학의 대표 학자인 율곡 이이를 키워 낸 어머니로 더욱 유명합니다. 신사임당은 이렇게 예술, 효성, 덕행, 자녀 교육 등에서 두루 높은 성취를 이뤄 낸 인물로 평가받고 있지요.

신사임당은 1504년 강릉 북평촌 (北坪村, 지금의 오죽헌)에서 다섯 자매 중 둘째로 태어났습니다. 19세에 덕수 이씨 가문의 이원수(1501~1561년)와 결혼해 4남 3녀의 자녀를 두었습니다. 그중 셋째 아들이 바로 이율곡이지요.

　신사임당은 결혼하고 얼마 안 되어 친정아버지가 세상을 떠나자 강릉의 친정으로 돌아와서 친정아버지의 3년상을 치렀습니다. 3년상을 끝낸 뒤에도 강릉에서 친정어머니를 모시고 한동안 계속 살았어요. 신사임당이 남긴 시편을 보면 어머니를 향한 그리움이 절절하게 나타나 있습니다. 남편 이원수는 서울에서 홀로 된 어머니를 모셨고, 신사임당은 강릉에서 친정어머니를 모셨지요. 이들 부부는 약 20년을 그렇게 떨어져 살았습니다. 그 뒤 신사임당이 38세 되던 해에 서울로 올라가면서 부부가 함께 살았습니다. 율곡의 나이 여섯 살 때였어요.

　조선 시대는 그야말로 출가외인의 시대였습니다. 출가외인이란 출가한 여성, 즉 시집간 여성은 친정에 속하지 않는 사람이라는 의미입니다. 시가 쪽 사람이라는 뜻이지요. 그렇기 때문에 친정의 일보다는 시집의 일에 전념해 살아야 했지요. 남성 중심으로 돌아가는 조선 시대의 사회적인 특성을 잘 보여 주는 말이라고 할 수 있어요.

　이런 출가외인의 시대에 신사임당의 친정 생활은 매우 이례적이었습니다. 신사임당은 다른 여성에 비해 친정에서 보낸 시간이 절대적으로 많았습니다. 신사임당과 신사임당의 가정은 당시 조선 사회의 경직화된 규범

이원수

조선 중기의 문신으로, 신사임당과 결혼하여 이율곡을 낳았어요. 50세에 관직에 나아가 한때는 우의정 이기 밑에서 일을 하기도 했어요. 하지만 어진 선비를 해치고 권세만을 잡으려는 이기의 집에 발을 들여놓지 말라는 신사임당의 권유를 받아들여 이기와 인연을 끊기도 했어요. 덕분에 정치적인 싸움으로 수많은 사람들이 목숨을 잃은 을사사화에서도 화를 면할 수 있었답니다.

보다는 인간의 본래 심성인 낳아 주신 부모에 대한 애정과 그리움을 더 중요하게 여긴 것이라고 생각해 볼 수 있지요. 그런 점에서 신사임당의 친정과 남편 이원수 집안의 분위기는 자유분방하면서도 인간의 본질적인 내면과 그리움을 매우 존중했음을 알 수 있습니다.

이 부분에서는 시집의 역할도 매우 중요했습니다. 신사임당이 결혼한 뒤 바로 시집에 가지 않고 친정에서 여유롭게 생활할 수 있었던 것은 남편과

경기도 파주시 자운산에 자리한 신사임당의 무덤

시집의 이해와 협조 덕분이었습니다. 특히 남편 이원수는 참으로 대단했던 인물인 듯합니다. 이원수는 아내인 신사임당의 그림을 친구들에게 자랑할 정도로 아내를 이해하고 동시에 아내의 재능을 인정하며 격려했던 넉넉한 인품의 소유자였습니다.

　강릉에서 올라온 신사임당은 서울에서 10여 년을 살다가 1551년 세상을 떠났습니다. 안타깝게도 48세의 이른 나이였지요. 신사임당은 경기 파주시 자운산에 위치한 이율곡 집안 묘지에 묻혀 있습니다. 당시 16세였던 아들 이율곡은 이곳에서 3년간 신사임당의 무덤을 지켰답니다.

신사임당의 그림 재능은 어땠나?

시서화에 대한 신사임당의 예술적 재능은 어려서부터 두드러졌던 것으로 전해 옵니다. 또한 자수에도 뛰어났다고 하니 예술적인 재능을 타고났다고 할 수 있지요. 일곱 살 때 이미 안견의 산수화를 흡사하게 그림으로 그렸고, 과일나무와 풀과 풀벌레 등을 능숙하게 그렸을 정도였다고 해요.

아들 이율곡이 '돌아가신 어머니의 행적을 기록한 글'인 《선비행장》에도 관련 기록이 나옵니다. 율곡은 이렇게 적어 놓았습니다.

"(어머니는) 어릴 때부터 경전에 통달하고 글을 잘 지었으며 글씨와 그림에 뛰어났다. 뿐만아니라 바느질에 능해서 수놓은 것까지도 정묘하지 않은 것이 없었다. …… 평소에 그림 솜씨가 비범하여 일곱 살 때부터 안견의 그림을 모방하여 산수화를 그렸으며 포도 그림도 그렸는데, 모두 세상에서 견줄 만한 이가 없었다. (어머니가) 그리신 것이 병풍과 족자로 세상에 많이 전한다."

물론 자신의 어머니이기에 이율곡은 전반적으로 신사임당에게 좋은 내용 중심으로 적었을 것입니다. 신사임당이 일곱 살 때부터 안견의 그림을 모방했다는 내용은 이율곡이 직접 보았을 리 없으니 가족의 누군가로부터 전해 들은 이야기겠지요. 이처럼 다소 과장된 부분도 있겠지만, 신사임당이 어려서부터 시서화와 자수 등에 뛰어난 재능을 보였다는 점은 능히 짐작할 수 있는 내용입니다.

신사임당의 초충도 가운데 하나

신사임당의 포도 그림

여러 재능 가운데에서도 그림에 대한 재능이 특히 두드러졌다고 합니다. 신사임당은 산수화, 화조화(꽃과 새 그림), 초충도(식물과 곤충, 벌레 그림) 등 다양한 소재를 그렸습니다. 특히 조선 시대 초충도의 전형을 완성했다고 평가 받고 있지요.

신사임당의 그림 솜씨에 관해 이런 일화도 전해 옵니다.

어느 날, 신사임당이 완성한 풀벌레 그림을 오죽헌 마당에 내놓고 말리고 있었습니다. 그때 닭 한 마리가 다가오더니 그림 속 풀벌레를 쪼아 대는 바람에 그림이 찢어지고 말았다고 합니다. 신사임당이 풀벌레를 얼마나 사실적으로 그렸는지 닭이 진짜 풀벌레로 착각할 정도였다는 이야기지요. 신라 시대 화가 솔거의 소나무 그림을 보고 새가 날아들었다는 이야기가 떠오릅니다.

당대 유명 인사들이 남긴 기록에서도 신사임당의 예술적 명성을 확인할 수 있습니다. 조선 시대 문인 어숙권은 《패관잡기》에서 "사임당의 포도와 산수 그림은 무척 절묘하여 이를 평가하는 사람들은 '안견 다음간다.'라고 한다."고 높게 평가했습니다. 당시 대표 화가 명단에 이례적으로 여성인 신

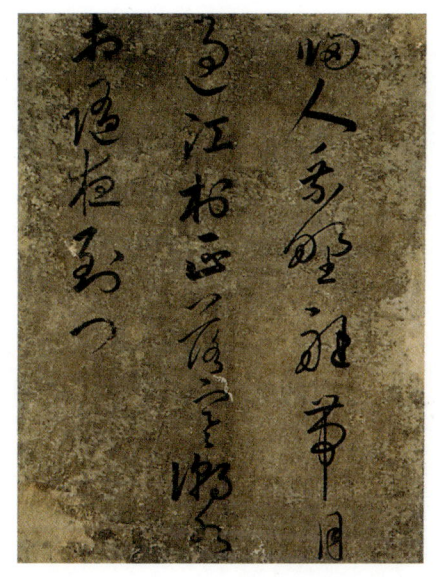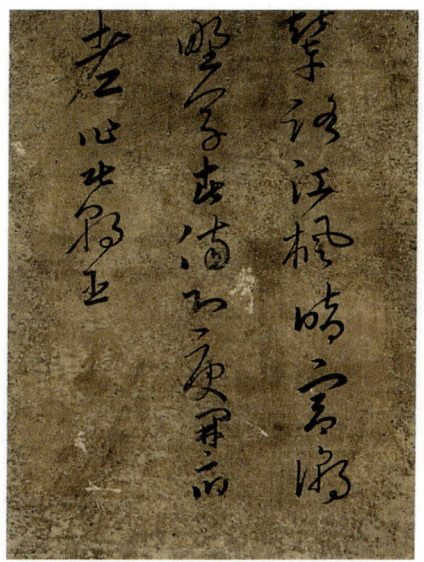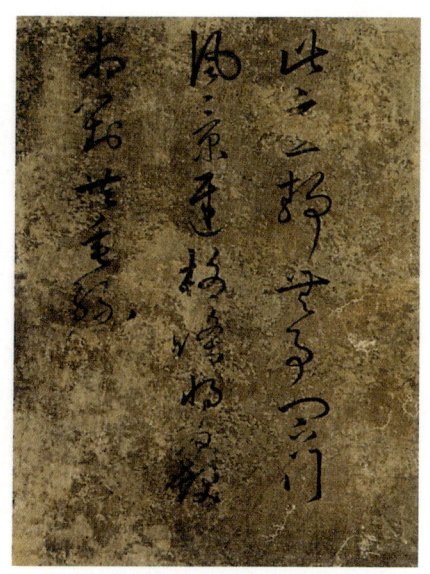

오죽헌에 남아 있는 신사임당의 글씨

 사임당을 포함시키기도 했어요. 조선 중기의 문신 소세양은 "신사임당의 산수화에 담긴 오묘한 생각과 뛰어난 솜씨는 다른 사람이 따라잡기 어렵다."는 기록을 남기기도 했답니다.
 강릉에 있는 오죽헌·시립박물관에는 신사임당의 글씨가 몇 점 남아 있습니다. 1868년 강릉부사 윤종의는 사임당의 글씨를 판각*하여 오죽헌에 보관하면서 발문을 적었습니다. 이 발문에서 "정성들여 그은 획이 그윽하고 고상하며 고요하고 정결해 부인께서 더더욱 저 태임*의 덕을 본뜬 것임을 알 수 있다."고 높게 평가 했습니다. 신사임당의 글씨도 수준이 높았음을 보여 주는 일화라고 할 수 있어요.

*판각 : 나무판에 새기는 것을 말해요.
*태임 : 주나라 문왕의 어머니로, 성품이 바르고 곧으며 참되고 엄격하여 오로지 덕을 행하였다고 해요.

어머니에 대한 그리움을 시에 담다

신사임당은 시를 쓰는 데도 조예가 높아 수준 높은 시를 남겼습니다. 현재 우리가 접할 수 있는 신사임당의 시에는 주로 어머니를 그리워하는 내용이 담겨 있어요.

신사임당은 강릉을 떠나 서울로 옮겨 시집 살림을 시작하면서 친정어머니에 대한 그리움으로 눈물 흘리며 밤을 지새우기도 했습니다. 어머니가 건강히 잘 있는지 늘 눈에 밟혔던 것이지요. 그 그리움을 시로 표현하곤 했답니다.

〈유대관령망친정(踰大關嶺望親庭)〉
자친학발재임영　慈親鶴髮在臨瀛
신향장안독거정　身向長安獨去情
회수북평시일망　回首北坪時一望
백운비하모산청　白雲飛下暮山靑

> <대관령 넘으며 친정을 바라봄>
> 어머니 백발되어 임영(강릉)에 계시는데
> 서울로 가야 하는 외로운 이 마음
> 고개 돌려 때때로 북평땅(강릉) 바라보니
> 흰 구름 날고 그 아래 저녁 산이 푸르네.

   늙은 어머니를 고향에 남겨 두고 서울로 떠나야 하는 신사임당의 안타까운 마음을 절절하게 표현한 시입니다. 북평땅은 원래 임금이 있는 곳을 주로 상징하지만, 여기서는 신사임당의 어머니가 있는 임영*과 같은 의미입니다.
   그런데 신사임당이 어머니가 있는 강릉 땅을 임금이 있는 북평으로 표현한 까닭은 무엇일까요? 신사임당이 어머니를 임금과 같은 존재로 생각했음을 짐작해 볼 수 있습니다. 어머니에 대한 효는 임금에 대한 충성과 같은 의미를 갖는 것이지요. 이런 점들은 표현의 상징성으로, 시라는 문학이 지니고 있는 매력 가운데 하나예요.
   또 이런 표현도 있습니다. 이 시에서 흰 구름은 어머니의 백발을 상징합니다. 흰 구름 밑에 저녁 산이 푸르다는 표현은 백발의 어머니를 강릉에 두고 서울로 떠나가는 자신의 모습을 표현한 것이지요. 푸른 산은 젊은 신사임당 자신을 의미하는 것 같군요. 저 높이 있는 어머니(흰 구름)가 아래에 있는 사임당(푸른 저녁 산)을 늘 내려다보면서 사랑으로 감싸 주고 있음을

*임영 : 강릉의 옛 이름이에요.

의미합니다. 자식을 위한 어머니의 큰 사랑을 느낄 수 있게 해 주는 표현이지요.

여기서 흰 구름과 푸른 산은 시각적으로도 대비를 이룹니다. 그 대비를 통해 어머니의 백발을 좀 더 선명하게 드러낸 것입니다. 이런 표현을 통해 어머니에 대한 죄송스러움과 그리움을 더욱 극적으로 표현했지요. 내용도 좋지만 시적인 표현 또한 뛰어나 수준 높은 시로 평가 받기에 충분합니다.

신사임당이 쓴 또다른 시를 살펴볼까요?

<사친(思親)>

천리가산만첩봉 千里家山萬疊峰
귀심장재몽혼중 歸心長在夢魂中
한송정반고윤월 寒松亭畔孤輪月
경포대전일진풍 鏡浦臺前一陣風
사상백로항취산 沙上白鷺恒聚山
파두어정각서동 波頭漁艇各西東
하시중답임영로 何時重踏臨瀛路
갱착반의슬하봉 更着斑衣膝下縫

<어머니를 그리워 함>

천리 머나먼 고향, 만 겹 봉우리
돌아가고픈 마음 꿈에도 잊을 수 없어.
한송정 가에 외로이 뜬 달
경포대 앞에는 한 줄기 바람
갈매기는 모래 위로 모였다 흩어지고
물결치는 바다에 고깃배 동서로 오고 가니
강릉 길 언제나 다시 밟아
색동옷 입고 어머니 슬하에서 바느질할까.

어머니에 대한 그리움을 서정적으로 표현한 시입니다. 눈을 감고 이 시를 한번 감상해 볼까요? 마치 한 폭의 그림을 보는 것 같은 느낌이 들 겁니다. 강릉 경포대에 둥근 달이 뜨고 바람이 붑니다. 하얀 갈매기들이 날아오더니 다시 떠납니다. 살짝 파도 치는 바다에는 고깃배가 오갑니다. 이보다 더 멋지고 평화로운 바닷가 풍경이 어디 있을까요?

그런데 신사임당은 그 아름다운 바다 풍경에서 어머니에 대한 그리움을 발견합니다. 경포대의 풍경을 떠올리면서 그곳의 소나무, 바람, 갈매기, 고깃배에 어머니를 향한 자신의 그리움을 대신 담은 것입니다. 바람이 되어, 갈매기가 되어, 고깃배가 되어 강릉의 어머니 곁으로 한걸음에 날아가고픈 심정이 잘 드러나 있어요.

하지만 현실은 첩첩산중으로 가로막혀 있어 안타깝기만 합니다. '천리 머나먼 고향, 만 겹 봉우리'라는 시구가 바로 그것입니다. 가고 싶지만 가기 어려운 곳, 고향 강릉. 그래서 신사임당은 눈을 감고 강릉의 경포대를 떠올린 것이지요. 어머니에 대한 그리움과 효심을 시각적으로 잘 표현한 수작입니다. 그림을 잘 그리는 화가 신사임당은 이렇게 멋진 시를 남긴 문인이기도 했지요.

제목은 없지만 다음과 같은 두 행짜리 시구도 전해 옵니다. 한번 감상해 볼까요?

야야기향월 夜夜祈向月

원득견생전 願得見生前

밤마다 달을 향해 비옵는 마음

살아 계실 제 다시 한 번 뵈옵고 싶어라.

역시 친정 어머니를 걱정하며 보고 싶어하는 마음을 표현한 시입니다. 그 그리움이 우리 눈에 선하게 전해 오는 듯하지요. 신사임당이 남긴 시는 이렇게 모두 친정어머니와 고향에 대한 그리움을 담고 있답니다.

시대의 한계를 뛰어넘어 진취적인 삶을 살다

신사임당의 삶에 대해 후대의 역사가들은 여러 가지 평가를 합니다. 자녀 교육에 뛰어나고, 남편의 내조를 잘했으며, 예술적 능력을 한껏 펼쳤다는 등의 여러 가지 평가를 내립니다. 하지만 그중에서 가장 가치를 둘 만한 부분은 시대의 한계를 뛰어넘어 진취적인 삶을 살았다는 것입니다. 과연 어떤 면이 그럴까요?

구체적으로 살펴보기 전에 먼저 사임당이라는 명칭에 대해 알아보아요. 우리는 신사임당을 보통 사임당 신 씨라고 부릅니다. 이때 사임당은 당호입니다. 당호는 어떤 사람이 생활하는 공간의 건물에 붙이는 이름인데, 옛사람들은 이 당호를 호처럼 사용하곤 했어요. 사임

당에서 '사임'은 '임을 본받아 스승으로 삼는다.'는 뜻입니다. 여기서 임은 지금으로부터 3100여 년 전, 중국 주나라 문왕의 어머니인 태임을 뜻합니다. 따라서 사임당에는 태임을 본받는다는 의미가 담겨 있지요. 대대로 동양에서는 태임을 가장 정숙했던 부인으로 여겼습니다. 그렇기에 사임당이라는 당호에서 태임을 본받으며 성실하게 생활하고자 했던 신사임당의 정신을 만날 수 있지요. 그래서 사임당의 온화하고 현명한 성품, 예술적 자질이 태임의 덕을 배우면서 생활했기 때문이라고 보는 사람이 많습니다.

솔선수범하는 신사임당

신사임당의 삶의 모습에서 빼놓을 수 없는 것은 자녀 교육의 태도입니다. 신사임당은 자녀들에게 모범적이고 실천적인 삶을 가장 중요하게 가르쳤습니다. 특히 몸소 자립적으로 생활하면서 예술적이고 창의적인 성과를 얻었지요. 그 자체가 바로 가장 중요한 자녀 교육이라고 할 수 있습니다. 그것이 자녀들에게 가장 큰 힘이 되었고 모범이 되었습니다.

신사임당은 자녀에게 효를 가르침에 있어서도 강요하기보다는 솔선수범하였습니다. 늘 친정어머니를 섬기고 그리워 한 효녀의 모습 그 자체가 자녀들에게 좋은 본보기가 되었지요.

남편을 돕고 이끈 점도 자녀에게 모범이 되었을 것입니다. 신사임당의 남편은 뒤늦게 관직에 진출했습니다. 신사임당은 남편이 관직에 진출하는 데에도 큰 도움을 주었어요. 또한 남편이 관직 생활을 하는 동안 유혹에 빠지지 않고 올바른 길을 걸을 수 있도록 헌신했다고 전해 옵니다.

덕, 신의, 뜻을 강조한 신사임당

신사임당은 자녀를 가르침에 있어 덕과 신의를 최우선으로 두었습니다. 늘 남에게 믿음을 주었고 약속을 실천함으로써 자녀들이 절로 이를 배울 수 있도록 했지요.

또 신사임당은 "사람의 일은 뜻을 품는 데서 시작된다. 뜻을 제대로 품었으면 이루지 못할 일이 없다."고 말하곤 했습니다. 뚜렷한 목표를 설정하고 그것을 성취하려는 자세를 강조한 것이지요.

신사임당은 맏아들 이선이 과거에 여러 번 실패하자 그때마다 과거 급제가 인생의 전부가 아니라고 아들을 격려하며 뜻을 더 강하게 세울 것을 당부했습니다. 이에 힘입어 이선은 늦은

이율곡의 《격몽요결》에 담긴 신사임당의 자녀 교육 리더십

신사임당의 셋째 아들이었던 이율곡은 학문을 시작하는 사람들을 가르치기 위해 《격몽요결》이란 책을 지었습니다. 학문을 시작하는 사람들이 갖춰야 할 자세를 열 가지로 나누어 소개하고 있지요.

내용을 살펴보면 스스로 뜻을 세워야 한다는 〈입지〉, 좋은 책을 골라 뜻을 이해할 때까지 읽어야 한다는 〈독서〉, 부모를 효심으로 모셔야 한다는 〈사친〉, 사람을 예의 바르게 대해야 한다는 〈접인〉, 벼슬을 위해 학문을 하지 말고 도를 실천할 수 없으면 벼슬에서 물러나야 한다는 〈처세〉 등으로 구성되어 있습니다.

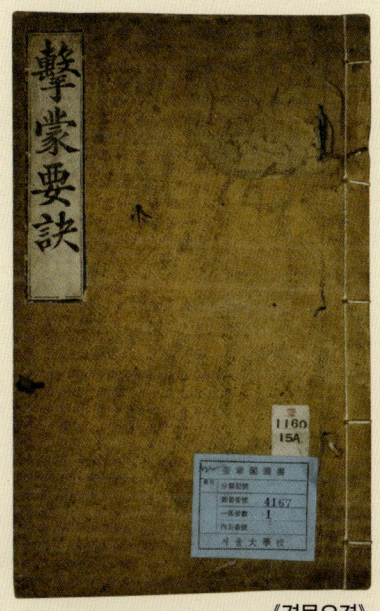

《격몽요결》

이율곡의 정신을 잘 담고 있는 책으로, 조선 시대의 대표적 저술로 평가받고 있어요. 그런데 이 책에 나오는 내용은 모두 이율곡이 어머니 신사임당으로부터 배우고 익혔을 것입니다. 그래서 《격몽요결》은 더 흥미로운 책입니다. 지은 사람은 이율곡이지만 신사임당의 자녀 교육 리더십을 읽어 낼 수 있기 때문이지요.

나이인 41세에 과거에 급제했다고 합니다. 이를 두고 어떤 사람들은 믿음의 리더십이라고 합니다.

이렇게 신사임당은 남편과 자녀를 늘 믿음을 가지고 대했지만 누군가 잘못을 하거나 실수를 범하면 반드시 이에 대한 질책과 충고를 빠뜨리지 않았다고 합니다. 또다시 잘못과 실수를 하지 않도록 하기 위함이었지요.

신사임당의 자녀들

신사임당은 스스로 자신의 창의적이고 예술적인 재능을 개발하고 성취했으며 이를 자녀들에게도 투영해 7남매를 잘 키웠습니다. 그 가운데 셋째 아들인 율곡 이이와 넷째 아들 이우, 맏딸 매창이 유명하지요. 이우는 조선 중기의 문신으로, 거문고·서예·시·그림에 뛰어난 재능을 보였는데, 특히 글씨가 절묘했습니다. 율곡 이이는 이 능력을 높이 사 "우리 아우가 학문에 종사하였더라면 내가 따라갈 수 없었을 것이다."라고 할 정도였습니다.

시대의 한계를 뛰어넘은 진취적 여성

신사임당을 두고 사람들은 조선 시대가 요구했던 여성상, 이른바 현모양처의 표상이었다고 말합니다. 하지만 신사임당의 삶의 족적을 살펴보면 현모양처 그 이상이라고 할 수 있습니다. 신사임당은 유교적 여성상에 머문 것이 아니라 스스로 개척하면서 창의적이고 진취적인 삶을 살았습니다. 그렇기에 여러모로 뛰어난 성취를 이룩했던 것이지요.

가장 대표적인 것이 신사임당의 예술적 성취입니다. 조선 시대에 여성이 예술활동을 한다는 것은 매우 어려운 일이었습니다. 조선 시대에 두드러진 흔적을 남긴 여성 문화예술인이 없다는 사실이 이를 단적으로 말해 주지요. 하지만 신사임당은 달랐습니다. 신사임당은 가장 독보적인 조선 시대 여성화가였을 뿐만 아니라 시서화에 있어 남성 못지않은 성취를 이루었습니다. 만일 신사임당이 남성중심적 가치관에 갇혀 있었다면 이런 예술 활동을 할 수 없었을 것입니다.

신사임당은 이런 인물이었습니다. 그저 단순한 현모양처가 아니라, 남성 중심 사회를 극복한 독립적이고 진취적인 여성이었습니다. 시대의 벽, 시대의 금기를 넘어선 여성상, 예술혼을 보여 준 인물입니다. 이 점이 신사임당 삶의 특징이자 진정한 매력입니다.

신사임당은 어떤 그림을 그렸을까?

현재 신사임당의 작품으로 알려진 것은 40여 점에 이른다고 전문가들은 추정하고 있습니다. 그런데 우리가 알고 있는 신사임당의 그림은 모두 엄밀히 말해 '신사임당이 그렸다고 전해지는' 전칭작입니다. 이게 무슨 말일까

요? 신사임당이 그렸다고 알려져 있지만, 신사임당이 그렸다는 아주 확실한 증거는 없다는 말입니다. 신사임당이 그렸을 가능성이 높지만 100% 확증할 수는 없다는 말이지요. 그 이유는 그림에 신사임당의 낙관이 없기 때문이에요. 비록 낙관은 없지만 신사임당이 그린 것으로 알려진 작품들에는 어떤 것들이 있는지 알아보아요!

풀과 벌레를 그린 초충도

신사임당 그림의 대표작은 단연 초충도입니다. 초충도는 일반적으로 초(草)와 충(蟲)을 소재로 한 그림입니다. 초는 화초, 들풀과 같은 식물이고, 충은 곤충이나 벌레를 가리키지요.

신사임당의 초충도에는 가지, 오이, 수박, 맨드라미, 패랭이, 쑥부쟁이,

신사임당이 그린 초충도들

양귀비, 봉선화 같은 식물들과 나비, 매미, 잠자리, 벌, 메뚜기, 방아깨비, 사마귀, 쇠똥구리 같은 벌레와 곤충들 그리고 쥐, 개구리, 도마뱀 등이 등장하지요. 이러한 소재는 우리 주변에서 쉽게 볼 수 있었던 것들이에요. 요즘이야 도시화가 진행되고 빌딩이 들어서면서 보기 어렵게 됐지만 예전에는 우리 주변에서 흔히 만날 수 있는 것들이었습니다. 아주 작고 평범한 동식물, 어찌 보면 하찮은 미물에 불과하지요. 그렇기 때문에 그것을 화면에 그려 낸다는 것은 관심이 없으면 불가능합니다.

초충도는 소재의 특성상 자연의 생태를 담습니다. 그러다 보니 생명력이 드러나지요. 화초와 들풀, 곤충과 벌레 등을 그리려면 세밀한 관찰과 함께 자연 환경에 대한 이해와 애정이 필요합니다. 그 모습을 제대로 알고 있어야 실제 모습과 흡사하게 표현해 낼 수 있지요. 더불어 곤충이나 화초의 특

신사임당이 그린 초충도들

징과 의미, 인간과의 관계 등에 대한 이해가 필요하기도 합니다. 그런 점에서 초충도는 인간적이라고 할 수 있어요.

신사임당은 식물과 벌레 등을 최대한 정확하게 사실적으로 표현했습니다. 작은 사물에 대한 묘사력이 뛰어나기에 가능한 일이지요. 신사임당이 비교적 많은 색을 사용한 것도 식물과 곤충, 벌레의 색을 그대로 보여 주기 위해서였습니다.

지금까지 전해 오고 있는 신사임당의 작품 중 초충도가 가장 많은 것을 보면 신사임당이 초충도를 얼마나 좋아했고 또 얼마나 잘 그렸는지 알 수 있습니다. 이미 신사임당은 조선 시대 초충도의 대표 화가로 불릴 정도로 조선 시대 당시부터 유명했습니다. 초충도는 별로 중요하지 않은 그림, 잡스러운 그림 정도로 여겼지만 신사임당 덕분에 중요한 주제로 자리 잡았지요.

산과 들의 모습을 담은 산수화

신사임당은 초충도 이외에 산수화도 그렸습니다. 현재까지 전해지는 산수화는 두 점으로, 모두 국립중앙박물관에 있습니다. 산수화 역시 신사임당이 그렸다고 전해 오는 전칭작들입니다.

〈산수화〉 신사임당이 그린 것으로 전해지는 작품으로, 이것은 〈월하고주도〉라고 부르기도 합니다.

두 점의 산수화는 병풍 형태로 되어 있는데, 두 폭이 서로 대칭 구도를 이루고 있습니다. 한 폭은 중천에 달이 떠 있는 야경, 한 폭은 저물 무렵의 지는 해를 그렸습니다. 각각의 화폭에는 중국 당나라 시인 맹호연과 이백

〈산수화〉 신사임당이 그린 산수화의 하나입니다.

의 시를 적어 놓았지요.

　산수화는 모두 서정적이고 격조 있는 그림이에요. 또한 여유롭지요. 그림 속의 산은 나지막히 옆으로 길게 뻗어 있고 수면은 확 트여 있습니다. 구도나 공간 구성 등에서 조선 전기 산수화가 안견의 화풍을 엿볼 수 있지요. 신사임당이 일곱 살 때부터 안견의 그림을 감상하고 모방해 그렸다는 일화를 떠올리게 하는 수작입니다.

　신사임당의 산수화는 당시 유행했던 남자 선비 문인들의 그림 분위기를 그대로 담고 있습니다. 이것은 남성 여성의 문제가 아니라, 신사임당이 학문적이고 문학적인 자세로 그림을 그렸다는 점을 알게 해 주는 부분이에요. 그렇다 보니 남성 그림의 특성, 여성 그림의 특성을 뛰어넘어 당시 그림의 특징과 흐름을 잘 반영할 수 있었지요.

포도 그림과 영모화

　신사임당은 포도 그림과 영모화도 많이 그렸습니다. 여러 작품이 전칭작으로 전해 오고 있지만, 가장 유명한 그림은 간송미술관에 있는 〈포도도〉입니다. 이 그림은 조선 시대 포도 그림의 명작으로 꼽힌답니다. 말 그대로 진짜 포도송이와 넝쿨을 보는 듯 화면에 가득 포도의 싱그러움과 생명력이 가득 차 있지요.

　앞서 언급했던 어숙권의 저서 《패관잡기》에 담긴 포도 그림에 대한 감탄만 보아도 신사임당의 포도 그림이 당시에 얼마나 높게 평가 받았는지 알 수 있겠지요?

〈포도도〉

영모화도 빼놓을 수 없습니다. 영모는 털 달린 동물이나 새를 말해요. 신사임당의 그림으로 전해 오는 영모화에는 〈물소〉와 〈물새〉가 있습니다.

〈물소〉에는 큼지막한 소 한 마리가 물가에서 물을 먹으려는 모습이 담겨 있어요. 물소는 매우 육중합니다. 앞다리는 이미 물속에 들여놓았고 한두 발짝 더 옮기면 이제 시원하게 물을 먹겠지요. 물소의 눈빛이 인상적이네요. 물소의 움직임을 매우 생동감 넘치게 표현한 멋진 작품이 아닐 수 없습니다.

이 작품은 조선 시대 전기에 그려진 다른 화가들의 소 그림과 구도나 필치가 거의 유사해 보입니다. 신사임당이 당시 그림의 흐름을 제대로 터득하고 있었다는 것을 보여 주는 점이에요.

〈물소〉

〈물새〉

　〈물새〉는 갈대밭에 앉아 있는 물새의 모습을 간결하면서도 서정적으로 포착해 그린 작품이에요. 갈대밭에서 머리를 돌려 어딘가를 바라보는 물새의 모습이 흥미롭습니다.

　〈물소〉가 역동적이라면, 〈물새〉는 차분하고 정적이지요. 한 사람이 그린 그림인데 분위기가 대조적이군요. 두 작품의 분위기를 비교해보는 것도 재미있는 감상법이랍니다.

강릉에서 신사임당을 만나다

　신사임당은 강릉 오죽헌에서 태어났습니다. 아들인 이율곡 역시 강릉 오죽헌에서 태어났지요. 그래서 강릉에 가면 신사임당과 이율곡에 관한 유적과 유물을 많이 만날 수 있습니다.
　가장 대표적인 곳이 보물 제165호로 지정된 오죽헌입니다. 오죽헌은 신사임당과 이율곡이 태어난 유서 깊은 집이지요. 15세기 초에 지어진 집이라고 전해 오니 그 역사가 매우 오래되었습니다. 건물의 규모를 보면 앞면이 3칸, 옆면이 2칸이고 팔작지붕을 하고 있어요. 우리 전통 건축물에서 칸은 기둥과 기둥 사이를 가리킵니다. 기둥이 세 개면 기둥 사이의 공간은 두 개가 나오게 되므로 두 칸이 됩니다. 기둥이 네 개면 세 칸이지요. 그리고 팔작지붕은 옆면에서 보았을 때 기와지붕이 여덟 팔(八) 자 모양을 한 지붕을 말해요. 600년이 다 되어 가며 신사임당과 이율곡이 태어난 오죽헌은 그 의미와 가치가 매우 높은 건축 문화재라고 할 수 있겠어요.

    그럼 이 건물에는 왜 오죽헌이라는 이름이 붙었을까요? 오죽헌 주변을 둘러보면 줄기나 가지가 검은색에 가까운 대나무가 자라고 있습니다. 흔히

오죽헌

오죽헌 주변에 자라고 있는 검은색 대나무, 오죽

보아온 누런 대나무 줄기와 색깔이 다릅니다. 이 검은 대나무를 오죽(烏竹)이라고 하는데, 까마귀처럼 검다고 해서 까마귀 오(烏) 자를 넣은 겁니다. 사군자의 하나인 대나무는 예로부터 곧은 선비 정신의 상징이었어요. 대나무 중에서도 오죽은 우리가 흔히 보는 누런 빛깔의 황죽(黃竹)보다 귀하고 품격이 높아 관상 가치가 우수한 것으로 평가 받습니다. 전통 악기인 대금을 만들 때도 오죽으로 만들면 소리가 더 맑고 좋다고 하지요. 그러고 보니 신사임당과 이율곡이 태어나 생활했던 이 건물에 참 잘 어울리는 이름이라는 생각에 드는군요.

율곡매

오죽헌 마당에는 멋진 매화나무가 한 그루 있습니다. 천연기념물 제484호로 지정된 율곡매입니다. 율곡의 흔적이 남아 있는 매화라는 뜻이지요. 율곡매는 오죽헌이 들어설 당시인 1400년경 이곳에 심었다고 전해 옵니다. 신사임당과 이율곡이 직접 가꾸었을 이 매화나무는 수령이 600여 년에 이르지요. 게다가 다른 매화나무에 비해 훨씬 알이 굵은 매실이 열린다고 해요.

신사임당은 매화를 좋아했다고 전해집니다. 딸의 이름도 매창으로 짓고 매화 그림도 많이 그린 것만 봐도 알 수 있지요.

오죽헌 바로 옆에는 오죽헌·시립박물관이 있습니다. 이곳에 가면 신사임당이 그리거나 쓴 것으로 전해오는 초충도 병풍, 사임당화첩, 매화도 그리고 글씨 등을 감상할 수 있어요.

신사임당이 연습으로 그린 〈묵매도〉

師任堂

제 2 부

신사임당 그림을 보러 가자!

국립중앙박물관 소장 초충도 병풍

〈수박과 들쥐〉

〈가지와 방아깨비〉

〈오이와 개구리〉

〈양귀비와 도마뱀〉

초충도 여덟 폭으로 이뤄진 병풍 작품입니다. 현재는 두 폭의 발문이 추가되어 모두 열 폭으로 꾸며져 있어요. 두 폭의 발문에는 이 작품을 소장하게 된 내용과 이 작품이 신사임당의 진품이라는 내용을 기록해 놓았습니다. 여덟 폭의 초충도는 〈수박과 들쥐〉, 〈가지와 방아깨비〉, 〈오이와 개구리〉, 〈양귀비와 도마뱀〉, 〈맨드라미와 쇠똥벌레〉, 〈원추리와 개구리〉, 〈어숭이와 개구리〉, 〈여뀌와 사마귀〉 등입니다.

〈맨드라미와 쇠똥벌레〉　　〈원추리와 개구리〉　　〈어숭이와 개구리〉　　〈여뀌와 사마귀〉

　　이 초충도들은 섬세한 필체와 부드럽고 세련된 색감이 돋보이지요. 전체적으로 구도가 비슷합니다. 화면의 중앙에 핵심이 되는 식물을 두고, 그 주변에 각종 벌레와 곤충을 배치했어요. 그림의 화면은 정사각형에 가깝고 식물과 곤충이 화면을 비교적 꽉 채우고 있습니다.
　　그럼 여덟 폭 그림을 하나하나 자세히 살펴볼까요?

1록
<수박과 들쥐>

묵직한 수박 위로 나비가 훨훨!

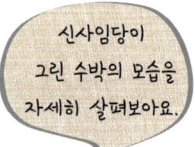

신사임당이 그린 수박의 모습을 자세히 살펴보아요.

화면 가운데 아래쪽에 큼지막한 수박 두 개가 있습니다. 참으로 당당해 보이는 수박 덩어리이지요. 수박 덩굴 줄기가 왼쪽에서 오른쪽으로 휘어져 올라가 있고, 그 위에 나비 두 마리가 예쁘고 우아하게 날갯짓을 하고 있네요. 큰 수박 오른쪽에는 석죽화(패랭이꽃) 한 그루가 조용히 피어 있습니다.

수박 옆으로 뻗어 올라간 줄기를 볼까요? 왼쪽 수박에서 위쪽으로 화면 한복판을 가로 질러 둥근 곡선을 그리며 뻗어 올라간 줄기가 매우 인상적입니다. 줄기에 작은 수박 하나가 더 매달려 있군요. 수박 밑부분은 검게 표시해 땅임을 알 수 있게 해 주고 있네요.

〈수박과 들쥐〉, 종이에 채색, 32.8×28cm, 국립중앙박물관 소장

수박 줄기 위로는 예쁜 나비 두 마리가 아름답게 날갯짓을 하고 있어요. 붉은 나비와 호랑나비인데, 모두 사실적으로 묘사되어 있군요. 나비의 색깔이 서로 대비를 이뤄 인상적입니다.

이제 아래쪽으로 시선을 옮겨 수박을 자세히 들여다보죠. 수박의 껍질이 요즘 보는 수박과 좀 다르지요? 조선 시대 사람들이 먹었던 수박은 아마도 표면이 이러했던 모양입니다. 같은 땅에서 나온 수박인데도 시대가 흐르면서 그 모습이 바뀌었다는 사실이 참 흥미롭습니다.

당시의 사람들은 수박이 다산을 상징하고 나비는 화목과 사랑을 상징한다고 생각했습니다. 그렇다면 이 그림 속의 수박과 나비는 아이를 많이 낳아 서로 행복하게 잘 살아가길 바라는 마음을 담고 있는 것으로 생각할 수 있겠지요.

그런데 가장 큰 수박 밑둥을 보니 재미있는 일이 벌어졌습니다. 작은 쥐들이 커다란 수박을 열심히 파먹고 있는 게 아니겠어요? 수박 껍질을 뚫어 내고 수박씨를 먹고 있는 모습입니다. 그래서 수박의 붉은 속과 씨들이 그대로 드러나 있습니다. 참 재미있는 풍경입니다. 쥐들이 수박을 좋아한다는 것도 흥미로운 사실이지요. 맛있는 수박을 먹고 있기 때문인지 들쥐의 표정이 매우 만족스러워 보입니다.

전체적으로 보면 수박 주변에서 벌어지는 다양한 생명체의 움직임을 사실적이고 섬세하게 표현해 놓았습니다.

이번에는 화면의 색감을 볼까요? 수박은 검은 초록, 수박과 꽃의 줄기는 초록이고, 꽃과 나비 한 마리, 쥐들이 파먹고 있는 수박의 속 부분은 붉은색입니다. 초록빛과 붉은빛이 서로 색상의 대비를 이루고 있습니다.

구도도 안정적입니다. 커다란 수박 두 덩어리가 화면의 무게 중심을 잡고 있고 여기에 둥글게 휘어져 올라간 수박 줄기와 오른쪽 패랭이꽃의 반듯한 직선 줄기가 서로 대비를 이룹니다. 그래서 다른 초충도에서 발견할 수 없는 모습을 보여 줍니다. 안정감 속에 변화와 생동감이 은근히 배어 있지요.

왼쪽 수박에서 둥글게 뻗어 올라간 줄기는 이 그림의 여러 요소 가운데 단연 눈에 띕니다. 수박의 줄기를 크게 타원형으로 배치해 율동감을 살려 냈어요. 반면 오른쪽 패랭이꽃은 곧게 서 있어 화면에 안정감과 생동감을 부여해 주고 있습니다. 또한 두 개의 수박을 아래쪽 한가운데에 배치하지 않고 왼쪽에 치우치게 배치함으로써 화면의 단조로움을 극복하고 변화와 움직임을 주었습니다. 이것이 바로 신사임당이 가진 화가로서의 재능과 감각이라고 할 수 있겠지요.

옛사람들은 함께 하고 교감하는 동식물들에 이런저런 의미를 부여했습니다. 초충도에 등장하는 식물과 곤충, 벌레도 마찬가지입니다. 사소한 미물이지만 의미와 상징을 담아 어떤 메시지를 전하고자 했던 경우가 많았어요.
그럼 수박에는 어떤 의미가 담겨 있는지 알아볼까요?

수박에 어떤 뜻이 담겨 있을까?

〈수박과 패랭이〉, 사임당 화첩

신사임당의 〈초충도〉에는 수박이 심심치 않게 등장합니다. 그림 속에서 수박은 다른 식물에 비해 육중하고 당당한 모습입니다. 그 수박을 들쥐들이 파먹고 있는 모습도 보이지요. 들쥐가 파먹는 수박의 모습을 자세히 보면 촘촘히 박힌 수박 씨가 눈에 들어옵니다.

수박은 씨가 참 많아요. 씨는 이듬해 다시 싹을 틔워 수박을 열리게 하지요. 새로운 생명의 탄생입니다. 이는 곧 자손의 번성을 의미합니다. 조선시대에는 자식을 많이 낳는 것이 아주 중요한 덕목이었어요. 그래서 옛사람들은 수박에 씨가 많은

〈수박과 여치〉의 일부, 오죽헌 · 시립박물관 소장

수 자 무늬를 한가운데 새겨 놓은 주발

수복 자 무늬를 새겨 놓은 혼수함

수 자 무늬를 넣은 접시

것처럼 자식을 많이 낳았으면 하는 바람을 담아서 수박을 그림으로 표현했습니다.

또한 수박의 발음은 수복(壽福)과 비슷합니다. 수복은 장수와 복을 의미하지요. 그래서 옛사람들은 비슷한 발음의 수박을 보면서 건강하게 복을 누리며 오래오래 살기를 바랐습니다. 또한 박쥐의 한자 표기가 복과 같은 소리여서 박쥐 문양을 다방면에 새겨 넣기도 했습니다. 수박 그림을 그려 넣은 뜻과 같지요. 조선 시대 수박 그림과 박쥐 문양에는 이런 의미와 상징이 담겨 있다는 점을 기억하고 수복 글자 문양이 새겨진 다른 공예품도 살펴보아요.

박쥐 연꽃 무늬 촛대

박쥐 문양 목침

박쥐 모양 서안

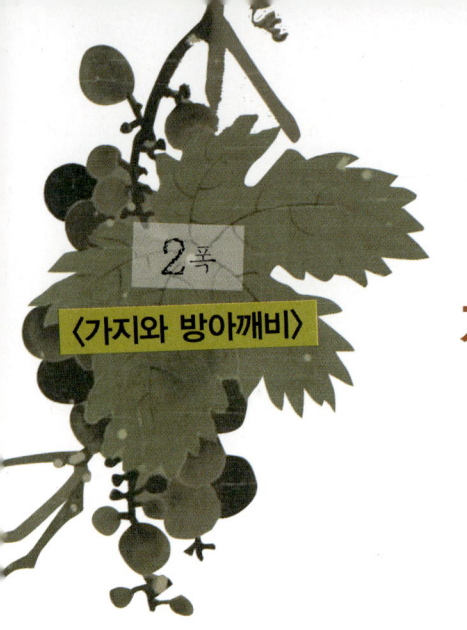

2폭
〈가지와 방아깨비〉

개미는 꽃을 향해, 벌은 가지를 향해

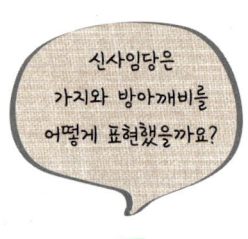

신사임당은 가지와 방아깨비를 어떻게 표현했을까요?

화면 한가운데에 가지 줄기가 뻗어 있습니다. 줄기에는 가지 세 개가 달려 있고, 그 위로는 아름다운 나비 두 마리가 한가롭게 날고 있네요. 또 벌 두 마리가 가지 쪽으로 날아오고 있습니다. 땅에서는 방아깨비와 개미 두 마리가 무언가를 하느라 여념이 없어 보이지요. 화면 아래쪽에는 진하게 땅이 표현되어 있습니다.

가지 두 줄기가 하늘로 솟아 있는데, 위로 올라가면서 좌우로 벌어져 있어서 보는 이에게 안정감을 줍니다.

매달려 있는 가지의 자줏빛 색깔이 무척 아름답습니다. 아래쪽의 가지는 좀 더 진하고 위쪽의 가지는 약간 흐립니다. 두 개의 가지를 서로 다른 색

〈가지와 방아깨비〉, 종이에 채색, 32.8×28cm, 국립중앙박물관 소장

깔로 표현함으로써 사실적인 분위기를 높여 주고 있어요. 또한 가지 줄기에 달려 있는 잎의 앞면과 뒷면의 색깔도 다릅니다. 앞면은 진하고 뒷면은 연한데, 이 역시 신사임당의 사실적인 관찰에 의한 결과라고 볼 수 있겠지요.

이번에는 곤충들을 좀 더 자세히 들여다볼까요? 개미 두 마리와 벌 두 마리는 질서정연하게 왼쪽으로 향하고 있고, 방아깨비는 그와 반대 방향으로 향하고 있네요. 개미는 꽃을 향해, 벌들은 가지를 향해 열심히 가고 있는 모습이에요.

가지 위에서 날고 있는 나비는 평면적으로 그려 놓았어요. 이에 반해 방아깨비의 모습은 매우 섬세하고 사실적이지요. 곤충들의 모습은 전체적으로 생동감이 가득하네요. 힘차고

자유로운 방아깨비가 조용한 풍경에 활력을 불어넣고 있습니다. 나비의 움직임도 세심하게 들여다볼 필요가 있어요. 하얀 나비는 위쪽으로 날아오르고 있고, 붉은 나비는 아래쪽으로 내려오고 있지요. 움직이는 방향이 다른 사물에 각각 다른 색깔을 줌으로써 대비감을 표현했습니다. 덕분에 화면에 변화와 활력이 넘쳐흐릅니다. 그런데 가지 열매를 보니 가지 줄기에 비해 무척 커 보입니다. 다소 과장된 모습으로 그린 듯합니다. 그러다 보니 가지, 나비, 방아깨비의 크기가 서로 부자연스러워 보이기도 하고 한편으로는 전체 화면이 다소 답답해 보이기도 합니다.

옛사람들은 함께 하고 교감하는 동식물들에 이런저런 의미를 부여했습니다. 초충도에 등장하는 식물과 곤충, 벌레도 마찬가지입니다. 사소한 미물이지만 의미와 상징을 담아 어떤 메시지를 전하고자 했던 경우가 많았어요.
이번에는 나비에 담긴 의미를 알아보아요.

나비 그림에 담긴 뜻은 무엇일까?

〈수박과 나비〉 간송미술관 소장

나비를 그린 그림은 대부분 화사하고 부드러워서 평화롭고 행복한 느낌을 줍니다. 한 쌍의 나비는 금슬 좋은 부부를 상징합니다. 남녀의 화합, 평화와 행복을 상징하기도 하지요. 나비가 꽃을 찾아다니는 것이 남성과 여성의 만남이기 때문입니다. 따라서 나비 그림은 부부와 연인의 화합과 행복, 사랑을 상징하게 되었지요. 그림, 자수, 도자기, 목공예 등에 나비가 많이 등장하는 것도 이런 의미입니다.

나비는 다른 날벌레와 달리 소리를 내지 않고 날아다닙니다. 벌, 모기, 파리 등은 날아다닐 때

〈맨드라미와 쇠똥벌레〉의 일부. 국립중앙박물관 소장

나비 모양 노리개

나비 모양 단추

나비 모양 노리개

나비 모양 뒤꽂이

나비형 대삼작 노리개

모두 소리를 내지요. 그래서 나비가 소리 없이 날아다닌다는 사실은 신기한 일이 아닐 수 없어요. 이렇게 조용하고 점잖은 데다 아름다운 자태를 지니고 있어서 예로부터 우아하고 아름다운 곤충으로 받아들여졌지요.

나비는 한자로 '접(蝶)'입니다. 그런데 이 한자가 80세 노인을 의미하는 '질(耋)' 자와 발음이 같아 장수의 상징으로 통하기도 했답니다. 이런 바람을 담아 그림에 나비를 등장시켰는데, 이때 고양이와 함께 어울려 그렸어요. 고양이는 한자로 '묘(猫)'라고 하는데, 70세 노인을 뜻하는 '모(耄)' 자와 발음이 같습니다. 역시 장수를 의미하지요.

이렇듯 옛사람들은 나비와 고양이를 함께 그림으로 표현하곤 했습니다. 이런 그림을 '모질도'라고 했으며, 이런 그림에는 노인들의 장수와 건강을 기원하는 의미가 담겨 있습니다.

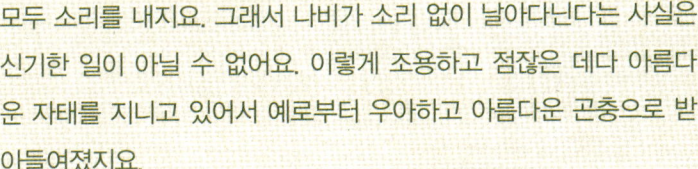

나비 문양 운혜

3폭
〈오이와 개구리〉

오이와 개구리에 담긴 청색의 깨끗함

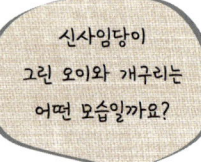

신사임당이 그린 오이와 개구리는 어떤 모습일까요?

화면 한가운데에 두 개의 조 줄기와 한 개의 오이 줄기를 그렸습니다. 위로 쭉 뻗어 올라간 조의 줄기들이 좌우로 벌어지면서 그 끝에 이삭이 달려 있네요. 조의 이삭이 아주 사실적으로 표현되어 있습니다.

곧게 뻗어 올라간 조 줄기와 달리 오이 줄기는 구불구불합니다. 그 줄기에 넓적한 잎사귀들과 크고 작은 오이 두 개가 달려 있네요. 아래쪽에 달려 있는 커다란 오이가 제법 통통합니다.

화면 오른쪽 위를 보니 조의 이삭을 향해 벌 한 마리가 날갯짓을 하면서 날아들고 있어요. 날개가 파르르 떨리고 있는 듯하지요. 신사임당의 묘사력이 어느 정도인지 알 수 있는 부분입니다.

〈오이와 개구리〉, 종이에 채색, 32.8×28cm, 국립중앙박물관 소장

오이 나무 아래쪽 땅을 보니 개구리와 땅강아지가 있어요. 개구리의 모습이 귀엽지요. 그런데 개구리의 입을 보면 우리가 흔히 아는 개구리와는 생김새가 조금 다릅니다. 입이 뾰죽하게 튀어 나와 있지요. 개구리와 땅강아지가 모두 왼쪽으로 향하고 있는 모습이에요. 좀 더 자세히 관찰해 보면

땅강아지가 개구리에게 잡아 먹히지 않으려고 꽁무니를 빼고 있는 것 같네요. 우리가 보기에는 재미있는 모습이지만 이들에게는 생존이 걸린 절박한 상황입니다. 먹고 먹히는 자연의 섭리라고 할까요? 신사임당의 관찰력이 돋보이는 부분입니다.

색감을 보면 전체적인 배색은 청색입니다. 이 그림은 국립중앙박물관이 소장하고 있는 초충도 병풍 여덟 폭 가운데 나머지 일곱 폭과 색감이 다릅니다. 다른 그림 일곱 폭은 모두 화면에 붉은 색을 비롯해 다양한 색이 들어 가 있습니다. 하지만 이 그림만은 청색 계통의 색을 주로 사용했습니다. 조의 이삭이 붉은 계통이지만 그리 두드러지지 않습니다. 그렇다 보니 전체적으로 청색 계통의 화면이라고 할 수 있지요. 청색은 매우 단정하면서도 깨끗함과 품격이 있습니다. 신사임당의 내면을 드러내는 듯한 느낌입니다.

옛사람들은 함께 하고 교감하는 동식물들에 이런저런 의미를 부여했습니다. 초충도에 등장하는 식물과 곤충, 벌레도 마찬가지입니다. 사소한 미물이지만 의미와 상징을 담아 어떤 메시지를 전하고자 했던 경우가 많았어요. 이번에는 오이를 살펴보겠습니다.

왜 오이를 그렸을까?

〈오이와 메뚜기〉 오죽헌·시립박물관 소장

오이가 우리나라에 전래된 것은 1500년 전쯤이라고 합니다. 오이도 수박처럼 씨가 참 많습니다. 열매도 많이 열리지요. 수박에서 알아본 것처럼 씨가 많다는 것은 풍요와 다산을 의미합니다. 게다가 열매도 많이 열리는 식물이기 때문에 옛사람들은 오이를 보면서 자식을 많이 낳아 기를 수 있기를 기원했지요. 오이는 이렇게 자손의 번창을 의미합니다.

오이와 수박뿐만이 아니라 자손의 번창을 바라며 그린 열매로는 석류나 연꽃도 있습니다. 석류와 연꽃의 열매에도 씨가 많이 박혀 있거든요.

〈오이와 개구리〉의 일부, 국립중앙박물관 소장

식물의 열매 외에도 다산과 다복의 소망을 담은 그림의 주제로는 물고기를 꼽을 수 있습니다. 그래서 아래의 병풍 그림에서처럼 잉어나 붕어 등 자손을 많이 퍼트리는 물고기들도 즐겨 그렸답니다.

석류나무 화조화

연꽃과 원앙 그림

다산다복을 상징하는 어해도
암수 짝을 이뤄 다녀서 음양의 조화와 다산다복을 상징하는 붕어, 잉어, 숭어, 송사리, 메기 등을 그렸습니다.

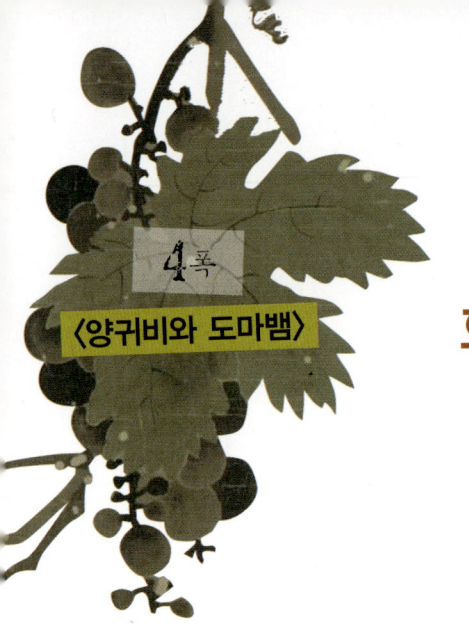

4폭 〈양귀비와 도마뱀〉

화려한 양귀비꽃, 단정한 패랭이꽃

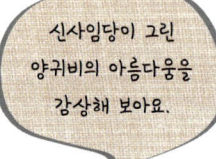

신사임당이 그린 양귀비의 아름다움을 감상해 보아요.

    양귀비꽃과 패랭이꽃 주변으로 나비가 날아들고 도마뱀과 하늘소가 돌아다니고 있는 모습을 표현한 초충도입니다. 양귀비 두 줄기가 쭉 솟아났습니다. 왼쪽 줄기에는 커다란 양귀비꽃이 피어 있고, 오른쪽 줄기 끝에는 꽃이 피기 직전의 꽃봉오리가 매달려 있어요.

    양귀비꽃은 모습이 매우 아름답고 화려해 예로부터 미인을 상징했답니다. 특히 중국 당나라 때 현종의 부인이었던 양귀비는 당시 최고의 미인으로 꼽혔지요. 이처럼 그림 속의 양귀비꽃은 아주 예쁘고 매력적입니다. 줄기 옆으로 솟아난 양귀비의 잎들이 무척 무성하네요. 여러 잎들이 나선형으로 돌아가는 모습에서 생동감이 넘쳐흐릅니다.

〈양귀비와 도마뱀〉, 종이에 채색, 32.8×28cm, 국립중앙박물관 소장

양귀비의 무성한 잎사귀 뒤로 패랭이꽃이 아담하게 피어 있습니다. 패랭이꽃은 산과 들에서 흔히 발견할 수 있는 꽃으로, 석죽화라고 부르기도 하지요. 화려해 보이지는 않지만 매우 단정하고 예쁜 꽃이랍니다. 그래서인지 그림 속에서도 양귀비의 화려함과 대비되어 보입니다.

양귀비꽃 양옆으로 나비 두 마리가 날아다니고 있네요. 화려하지는 않지만 크고 작은 나비 두 마리가 옆으로 위로 날아다니는 모습이 평화롭고 정겨워 보입니다.

땅에는 도마뱀 한 마리와 딱정벌레 한 마리가 있습니다. 도마뱀은 매우 날렵하고 사실적입니다. 먹이를 찾으려고 고개를 약간 쳐들고 앞쪽을 응시하고 있네요. 먹이가 나타나면 잽싸게 달려들 듯한 자세입니다.

이 그림의 구도는 매우 안정적입니다. 중앙에 양귀비꽃과 패랭이꽃이 있고 그 주변으로 나비, 도마뱀, 딱정벌레를 배치함으로써 화면에 안정감을 부여했습니다. 특히 양귀비의 잎사귀가 무게 중심 역할을 하고 있는 듯합니다.

옛사람들은 함께 하고 교감하는 동식물들에 이런저런 의미를 부여했습니다. 초충도에 등장하는 식물과 곤충, 벌레도 마찬가지입니다. 사소한 미물이지만 의미와 상징을 담아 어떤 메시지를 전하고자 했던 경우가 많았어요.
그럼 패랭이꽃에 담긴 의미를 알아볼까요?

패랭이꽃에 담긴 뜻은 무엇일까?

〈수박과 패랭이〉, 사임당 화첩

신사임당의 초충도에 가장 많이 나오는 식물 가운데 하나가 패랭이꽃입니다. 패랭이꽃을 보면 왠지 익숙한 느낌이 들 겁니다. 바로 어버이날에 부모님께, 스승의 날에 선생님께 주로 선물하는 꽃인 카네이션의 일종이기 때문입니다. 패랭이꽃은 담백하고 청초합니다. 그러면서 화사한 아름다움도 지니고 있어요.

옛사람들은 패랭이꽃을 석죽화(石竹花)라고 부르기도 했는데, 석죽화는 '바위에서 자라는 대나무'라는 뜻이에요. 석죽화로 불리게 된 데에는 이런 전설이 담겨 있다고 하는군요.

〈오이와 메뚜기〉의 일부, 오죽헌·시립박물관 소장

옛날 어느 마을에 힘도 세고 활도 잘 쏘는 장사가 한 명 살고 있었습니다. 그런데 그 마을의 커다란 바위에 나쁜 귀신이 살고 있으면서 마을에 해를 끼치고 있었습니다. 그래서 이 장사가 돌 귀신이 사는 바위에 화살을 쏘아 물리쳤다고 합니다. 장수가 쏜 화살은 바위에 꽂힌 채 자랐는데, 화살에서 대나무처럼 마디가 있는 꽃이 피어났어요. 그 꽃이 바로 패랭이꽃이었고, 사람들이 그 모습을 따서 석죽화라 불렀다고 하는 전설입니다.

그래서 패랭이꽃은 절개가 드높은 꽃으로 여겨지며 선비와 군자들이 특히 좋아했고, 군자의 품격을 상징하는 꽃으로 자리 잡았습니다. 또한 검은 머리, 청춘과 젊음을 의미하기도 합니다. 패랭이꽃은 바위에 피어난 꽃입니다. 바위와 한 몸인 셈이지요. 바위는 변하지 않으며, 수백 년, 수천 년이 지나도 그 자리를 지켜 냅니다. 그래서 사람들은 바위를 보면서, 또 패랭이꽃을 보면서 변하지 않는 선비의 절개, 변하지 않는 젊음과 청춘을 기원했답니다.

패랭이꽃 외에 선비의 절개를 의미하는 꽃으로 매화를 꼽았습니다. 매화가 새겨진 그림과 공예품도 함께 살펴보아요!

매화 문양 사방탁자
매화 문양을 새긴 사방탁자입니다.

매화도
화조도 가운데 선비의 절개를 나타내는 매화를 그린 그림입니다.

매화 문양 접시
매화 문양을 새긴 접시입니다.

5폭 〈맨드라미와 쇠똥벌레〉

맨드라미 주위로 나비, 쑥부쟁이, 쇠똥벌레

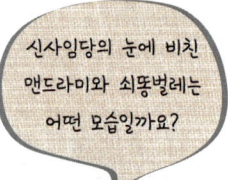

신사임당의 눈에 비친 맨드라미와 쇠똥벌레는 어떤 모습일까요?

맨드라미와 쑥부쟁이, 나비와 쇠똥벌레의 모습을 정겹게 그린 초충도입니다.

우선 맨드라미를 보니, 화면 중앙에 수직으로 불쑥 솟아 있게 표현했습니다. 간결하면서도 힘이 느껴집니다. 맨드라미꽃의 붉은 빛이 선명하게 표현되어 있어 보는 사람의 시선을 강하게 잡아끄는군요.

그 옆으로 쑥부쟁이꽃이 담백하게 피어 있습니다. 쑥부쟁이꽃은 우리 주변에서 흔히 볼 수 있는 꽃으로, 들국화의 일종입니다. 그렇게 화려하지는 않지만 꽃잎이 돌아가면서 원형으로 피어 있는 모습이 편안하고 정겹게 느껴지지요.

〈맨드라미와 쇠똥벌레〉, 종이에 채색, 32.8×28cm, 국립중앙박물관 소장

맨드라미꽃은 얼핏 보면 닭의 벼슬과 흡사합니다. 닭의 벼슬은 예로부터 관직에 나아가 높은 벼슬을 차지하는 것을 상징했습니다. 따라서 닭의 벼슬과 비슷한 모양의 맨드라미꽃에는 출세를 기대하는 옛사람들의 기원이 담겨 있지요. 그리고 들국화는 생명력을 상징합니다.

쇠똥벌레를 보면 어떤 생각이 드나요? 쇠똥벌레는 쇠똥구리라고 부르기도 합니다. 쇠똥벌레는 소나 말의 똥을 먹고 살지요. 자신보다 더 큰 쇠똥을 경단처럼 굴리고 다니는 모습, 넉넉하고 풍요롭고 토속적이지 않나요? 쇠똥구리는 나비와 함께 풍요와 여유를 상징합니다.

화면 아래쪽 3분의 1 지점에 점점이 점을 찍어 지면을 표현했고 맨드라미와 쑥부쟁이는 삼각형 구도를 이루고 있습니다. 또 화면 위쪽에는 나비 세 마리가 또 하나의 삼각형 구도를 이루고 있지요. 화면 위쪽의 나비와 아래쪽의 쇠똥구리가 재미있게 대칭을 이루고 있어요.

맨드라미를 중심으로 쑥부쟁이, 쇠똥구리. 나비 등이 다채롭게 배치되어 있습니다. 하지만 신사임당의 다른 작품과 마찬가지로 안정적이고 깔끔하게 표현되어 있습니다.

79

옛사람들은 함께 하고 교감하는 동식물들에 이런저런 의미를 부여했습니다. 초충도에 등장하는 식물과 곤충, 벌레도 마찬가지입니다. 사소한 미물이지만 거기에 의미와 상징을 담아 어떤 메시지를 전하고자 했던 경우가 많았어요. 맨드라미도 그렇습니다. 어떤 뜻이 담겨 있을까요?

맨드라미에 담긴 바람은 뭘까?

〈맨드라미와 개구리〉 오죽헌・시립박물관 소장

맨드라미꽃을 한번 꼼꼼히 관찰해 볼까요? 꽃 모양이 그렇게 예쁘거나 아름답지는 않습니다. 투박한 데다 선머슴 같은 분위기라고나 할까요? 그런데도 옛사람들은 맨드라미를 좋아해서 집의 뜰 안팎에 많이 심었습니다. 출세와 부귀의 상징이라고 여겼기 때문이지요.

실제로 1970~1980년대까지만 해도 마당이 있는 집에서 심심치 않게 맨드라미를 볼 수 있었지요. 꽃잎을 따서 술떡에 얹어 모양과 색깔을 내기도 했고, 술에 담가 빨갛게 고운 빛깔을 내기도 했어요. 또 약재로 사용하기도 했답니다.

〈맨드라미와 개구리〉의 일부. 간송미술관 소장

어해도
물고기 그림은 다산과 풍요를 의미하기도 하지만 입신과 출세를 의미하기도 합니다.

맨드라미에 얽힌 이야기는 맨드라미의 모습과 관련이 있습니다. 맨드라미는 꽃의 모습이 수탉의 벼슬과 비슷합니다. 그래서 닭 계(鷄) 자를 사용해서 계관화(鷄冠花), 계두화(鷄頭花)라고 부르기도 하지요. 여기서 계관은 닭의 머리에 얹은 관, 바로 닭벼슬을 일컫는 말입니다.

닭의 벼슬은 사람의 벼슬과 같은 발음이어서 사람들은 관직이나 출세의 의미로 받아들였습니다. 그래서 그림에 그려 넣은 맨드라미에는 입신과 출세의 소망이 담겨 있답니다. 과거에 급제해 벼슬에 오르고 싶은 욕망을 드러내는 표현의 하나로 사용했던 것이지요.

그 외에 입신과 출세의 바람을 담아 많이 그린 소재로 물고기도 있답니다.

6폭
〈원추리와 개구리〉

원추리꽃의 가는 줄기에 매미 한 마리!

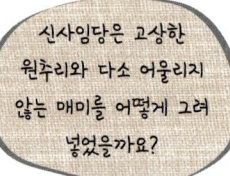

신사임당은 고상한 원추리와 다소 어울리지 않는 매미를 어떻게 그려 넣었을까요?

원추리를 중앙에 두고 그 주변으로 나비, 개구리, 달팽이, 매미, 벌을 그려 넣은 작품입니다. 먼저 원추리꽃을 볼까요? 원추리꽃은 백합 계열의 꽃입니다. 노란색과 붉은색이 함께 어우러진 원추리꽃은 색깔과 길죽한 모습에서 매우 우아하고 고상한 분위기를 자아냅니다. 고급스러운 느낌을 주는 꽃이라고 할 수 있지요.

신사임당의 이 그림에서도 원추리꽃은 쭉 뻗어 올라간 줄기 끝에 멋지게 피어 있습니다. 그 옆으로 힘차게 솟아 올라간 원추리 잎사귀가 꽃과 대비를 이루며 멋진 모습을 연출하고 있어요. 화면 한가운데 힘차면서도 품격 있게 솟아 있는 원추리꽃이 보는 이의 가슴을 시원하게 해 줍니다. 그것은

〈원추리와 개구리〉, 종이에 채색, 32.8×28cm, 국립중앙박물관 소장

84　제 2 부 **신사임당 그림**을 보러 가자!

신사임당의 그림에 대한 자신감, 당당함이라고 해도 좋을 듯합니다.

원추리꽃 좌우로 나비 두 마리가 아름답게 날아다니고 있군요. 한 마리는 붉은색 나비이고, 한 마리는 흰색 나비입니다. 나비의 날갯짓이 무척이나 평화로워 보이네요.

그런데 원추리꽃의 가는 줄기에 매미 한 마리가 착 달라붙어 있군요. 이색적이기도 하고 흥미로운 풍경입니다. 원추리꽃의 가는 줄기에 비해 매미가 다소 커 보이는 듯합니다. 매미가 잘 붙어 있을 수 있을지 자못 궁금해지는군요. 그래서 더 눈길을 끕니다. 그 옆에는 작은 벌 한 마리가 열심히 날갯짓을 하고 있습니다.

땅바닥에는 개구리와 달팽이가 있습니다. 개구리는 몸을 곧추 세우고 먼 곳을 바라보고 있는데, 자세를 보니 먹잇감을 찾고 있는 중인 듯합니다. 개구리의 주둥이가 꽤 뾰족하지요. 달팽이는 껍데기 밖으로 촉각을 쑥 내밀었군요. 그 모습이 참 귀엽습니다.

등장하는 곤충과 식물이 많지만 전체적으로 어수선하거나 번잡하지 않고 단정하고 깔끔하게 배치된 느낌입니다. 화면에 포착된 나비, 매미, 벌, 달팽이, 개구리는 저마다의 모습으로 제각기 관심사에 열중하고 있는 것 같아 매우 재미있습니다. 특히 매미와 달팽이의 동작이 귀여워 보이는군요.

옛사람들은 함께 하고 교감하는 동식물들에 이런저런 의미를 부여했습니다. 초충도에 등장하는 식물과 곤충, 벌레도 마찬가지입니다. 사소한 미물이지만 거기에 의미와 상징을 담아 어떤 메시지를 전하고자 했던 경우가 많았어요. 이번에는 매미를 만나 보아요.

극적인 삶을 사는 매미가 의미하는 것은?

〈원추리와 벌〉 오죽헌·시립박물관 소장

매미의 일생은 참으로 극적입니다. 7년 동안 땅 속에서 유충 상태로 살면서 수차례 껍질을 벗은 뒤 성충이 되어 땅 위의 나무로 올라옵니다. 그런 뒤 마지막으로 껍질을 벗는 탈피를 거쳐 비로소 날개 달린 매미가 되지요. 그러고는 한여름에 한 달 정도 짝짓기를 위해 그렇게 열심히 울어 대고는 알을 낳은 뒤 생을 마감합니다.

여러 차례 껍질을 벗고 변신하는 과정, 나무의 높은 곳에서 공기와 이슬을 먹고 사는 생태 덕분에 매미는 고결함과 순결함의 상징으로 여겨 왔습니다. 매미를 한자로 쓰면 '선(蟬)'입니다. 그런데, 선은 신선의 '선(仙)'과 같은 발음이에요. 그럴

〈원추리와 개구리〉의 일부. 국립중앙박물관 소장

다 보니 옛사람들은 매미를 신선처럼 신성하게 생각했지요.

　옛사람들, 특히 선비들은 매미에게 다섯 가지 덕목이 있다고 믿었습니다. 덕목은 바로 문(文), 청(淸), 염(廉), 검(儉), 신(信)이에요.

문 : 매미의 날개 모양을 보면 선비들이 쓰는 관의 모습과 닮았습니다. 늘 글[文]을 읽고 공부하는 선비들의 모자와 닮았기에 문덕(文德)을 갖추었다고 생각했어요.

청, 염 : 매미는 나무의 높은 곳에서 이슬을 먹고 삽니다. 게다가 보통의 곤충과 달리, 농부가 기른 곡식과 채소를 먹지 않기에 바른 모습을 가지고 탐욕이 없는 청렴(淸廉)을 지녔다고 믿었어요.

검 : 거의 모든 동물이나 곤충들은 자신이 살아갈 집을 만들지요. 그러나 매미는 거처할 곳을 따로 마련하지 않습니다. 그래서 매미는 검소함의 미덕을 지녔다고 믿었습니다.

신 : 매미는 땅속의 유충 때부터 7년 동안 시련을 극복하고 나서야 비로소 온전한 매미가 됩니다. 그런데도 한여름에 불과 한 달 정도만 살다 서리 내리는 가을이 되면 아쉬워하지 않고 기꺼이 죽음을 맞이합니다. 이런 점에서 매미는 신의(信義)를 지녔다고 믿었지요.

　이렇게 옛 선비들은 매미의 모습과 생태에서 군자의 도리를 발견했습니다. 선비 문인들이 매미를 소재로 글을 쓰고, 매미를 화폭에 그려 넣은 것도 이런 까닭이었습니다. 매미를 그리면서 매미의 청렴하고 신의 있는 삶을 본받고 싶어 했던 것이지요.

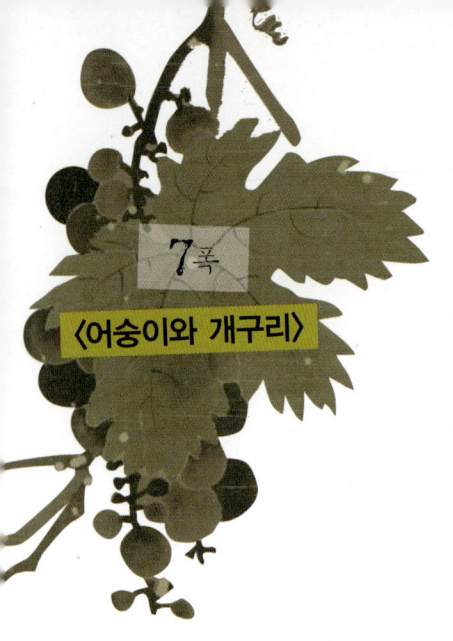

7폭
〈어숭이와 개구리〉

해를 향해 핀 어숭이꽃과 뛸 준비 중인 개구리

이름이 생소한 어숭이는 뭘까요? 신사임당의 그림을 통해 살펴보아요. 어숭이 주변을 맴도는 곤충과 벌레들도 함께요.

　국립중앙박물관 소장 초충도 병풍에 포함된 다른 그림과 달리 이 그림에 등장하는 초충은 왼쪽으로 치우쳐 있습니다. 여덟 폭의 구도를 모두 비슷하게 하다 보면 다소 지루해질 수 있습니다. 그래서 신사임당은 화면 구성에 변화를 주었지요. 오른쪽에 여백을 두고 식물과 곤충들을 왼쪽으로 치우쳐 배치하니 화면은 더욱 세련되고 생동감이 넘쳐 보입니다. 이는 신사임당이 지닌 화가로서의 뛰어난 감각 덕분에 가능한 일이었습니다.

　그림에 등장하는 꽃과 곤충들을 하나하나씩 살펴볼까요? 그림에 등장하는 식물은 어숭이꽃과 도라지꽃입니다. 어숭이꽃은 접시꽃이라고 부르기도

〈어숭이와 개구리〉, 종이에 채색, 32.8×28cm, 국립중앙박물관 소장

해요. 꽃의 모습이 넉넉하고 편안하게 느껴집니다. 그림에서는 활짝 핀 어숭이꽃이 두 송이, 꽃봉오리 상태의 꽃이 세 송이입니다. 어숭이꽃은 해바라기처럼 늘 해를 향해 꽃을 피웁니다. 그래서 예로부터 사람들은 어숭이꽃이 임금을 향한 충성심을 상징한다고 생각했지요. 그 옆에 보라색의 도라지꽃도 예쁘게 피어 있군요. 도라지는 우리가 뿌리를 많이 먹지만, 사실은 예쁜 꽃으로도 유명합니다. 보랏빛에 별 모양의 꽃은 보면 볼수록 매력적이지요.

또한 어숭이꽃 주변으로 잠자리와 나비가 날아들고 개구리가 어숭이꽃을 물끄러미 바라보고 있는 모습이 참 재미있습니다. 곤충들이 어숭이꽃을 참으로 좋아하는구나 하는 생각이 듭니다.

　다른 나비 한 마리는 도라지꽃을 향해 날아가고 있군요. 한 마리는 어숭이꽃을 향해, 다른 한 마리는 도라지꽃을 향해 날아간다는 것이 재미있어 보입니다.

　그 와중에 여치 한 마리는 혼자서 어디론가 기어가고 있네요. 더듬이와 다리가 세밀하게 표현되어 있지요? 신사임당의 관찰력과 묘사력을 잘 보여 주는 부분입니다. 개구리의 모습은 앞에서 살펴본 여섯 번째 그림 〈원추리와 개구리〉에 나오는 개구리와 자세가 똑같군요.

　색깔의 조화도 매력적입니다. 어숭이꽃과 잠자리는 주황색 계열이지만 개구리, 나비, 도라지꽃은 청색, 보라색, 녹색 계열이지요. 붉은색과 푸른색의 대비가 화면에 생동감을 불러일으키면서 조화로운 색감을 만들어 냅니다. 구도와 색감에서 모두 뛰어난 성취를 보여 주는 작품이지요.

옛사람들은 함께 하고 교감하는 동식물들에 이런저런 의미를 부여했습니다. 초충도에 등장하는 식물과 곤충, 벌레도 마찬가지입니다. 사소한 미물이지만 거기에 의미와 상징을 담아 어떤 메시지를 전하고자 했던 경우가 많았어요. 이번에는 개구리에 대해 살펴보겠습니다.

개구리가 의미하는 것은?

〈맨드라미와 개구리〉 오죽헌 · 시립박물관 소장

개구리는 알을 무척 많이 낳습니다. 이 알들은 올챙이를 거쳐 개구리로 자라나지요. 새로운 생명의 탄생입니다. 이런 까닭에 개구리는 다산과 풍요를 상징합니다. 자식을 많이 낳아 기르고 싶었던 옛사람들의 기원을 담고 있는 동물인 셈이지요.

개구리는 또 육지와 물을 오가면서 살아갑니다. 어디 이뿐인가요? 올챙이에서 개구리로 모습이 완전히 다르게 바뀌어 가는 독특한 생태 때문에 옛사람들은 개구리를 범상치 않은 동물, 신비로운 생명체로 여겼습니다.

〈원추리와 개구리〉의 일부, 국립중앙박물관 소장

개구리 모양 연적

개구리 모양 연적

'개구리 올챙이 적 생각 못한다.'는 속담이 있지요. 자신의 부족했던 과거를 잊은 채 잘난 척만 하는 사람을 지적하는 말입니다. 하지만 이를 뒤집어 보면, 올챙이에서 개구리로 변화한다는 것이 얼마나 엄청난 일이기에 이런 속담까지 나왔을까 하는 생각도 듭니다.

옛날 도자기를 보면 개구리 모양의 연적이 꽤 많습니다. 연적은 먹을 가는 데 사용할 물을 담아 놓는 그릇이에요. 옛사람들은 왜 개구리 모양으로 연적을 만들었을까요? 연적은 주로 책을 읽고 공부하는 선비나 학자들이 사용했던 문방구였습니다. 선비나 학자들에게는 과거 시험에 급제하는 것이 매우 중요한 일이었지요. 그래서 사람들은 올챙이에서 개구리로 변신하듯, 과거에 합격해 신분이 상승하기를 기대했답니다. 이들의 욕망을 반영한 것이 바로 개구리 모양의 연적입니다. 개구리와 비슷한 모습의 두꺼비도 같은 바람이 담겨 있지요.

두꺼비 모양 연적

8폭
<여뀌와 사마귀>

붉은 여뀌 이삭꽃과 푸른 나팔꽃

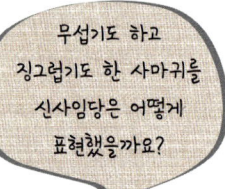

무섭기도 하고 징그럽기도 한 사마귀를 신사임당은 어떻게 표현했을까요?

여뀌와 나팔꽃, 검은 잠자리와 벌, 개구리와 사마귀가 등장하는 초충도입니다. 꽤 많은 초충들이 등장하는군요. 전체적으로 깔끔하면서도 생동감이 넘치고 화면의 구도 또한 안정적이지요.

이 그림에서 가장 두드러진 식물은 여뀌입니다. 이 그림에 등장하는 식물을 두고 산차조기라고 본 사람도 있었지만 산차조기가 아니라 여뀌가 맞습니다. 두 갈래로 솟아 올라간 여뀌 가지에는 붉은색의 이삭꽃이 매달려 있습니다. 전체적으로 녹색 계열의 색깔 속에서 붉은색 여뀌 이삭꽃이 매우 선명하게 두드러져 보입니다. 감상하는 사람들의 시선을 확 끌어당기지요.

〈여뀌와 사마귀〉, 종이에 채색, 32.8×28cm, 국립중앙박물관 소장

여뀌의 줄기를 감고 올라가 꽃을 피운 나팔꽃도 보입니다. 여뀌와 섞이면서 독특한 모습을 보여 주는군요. 붉은색의 여뀌 이삭꽃과 청색의 나팔꽃이 서로 대비를 이루어 화면을 아름답게 채우고 있어요.

화면 오른쪽 위로는 검은 잠자리가 보입니다. 잠자리의 색깔이 확연해 매우 인상적이지요.

이 그림에서 재미있는 것은 개구리입니다. 여뀌의 넓적한 잎사귀 위를 들여다보면 개구리 한 마리가 올라앉아 있군요. 아마도 먹이가 나타나기를 호시탐탐 노리고 있는 것 같습니다. 그래서인지 개구리 앞쪽에 그려 넣은 벌의 모습이 독특하지 않나요? 여뀌 잎사귀로 날아오다 갑자기 멈춘 것

같습니다. 재미있는 모습이 아닐 수 없습니다.

땅에는 사마귀가 있습니다. 사마귀는 암컷이 새끼의 영양분을 보충하기 위해 수컷을 잡아먹는다고 하지요. 그래서 사마귀를 자식을 위한 부모의 희생으로 여겨 왔다고 해요. 그런데 사마귀의 모습이 좀 이상합니다. 몸통은 옆모습인데 머리는 앞모습을 하고 있으니까요. 정상적인 모습이 아닙니다. 마치 피카소의 그림 같다는 느낌을 줍니다. 신사임당이 몰라서 이렇게 그린 걸까요? 아니면 알면서도 이렇게 그린 걸까요? 이에 관한 기록이 없기에 그 진실을 알 수는 없습니다. 하지만 그림에 능했던 신사임당이 모르고 그렸을 리는 없겠지요? 무언가 의도를 갖고 그렸을 가능성이 높습니다. 그 의도를 정확하게 설명할 수는 없지만, 어쨌든 그 자체로 흥미와 매력을 불러일으키는 부분이 아닐 수 없습니다. 좋은 그림은 이렇게 많은 호기심과 생각할 거리를 던져 준답니다.

옛사람들은 함께 하고 교감하는 동식물들에 이런저런 의미를 부여했습니다. 초충도에 등장하는 식물과 곤충, 벌레도 마찬가지입니다. 사소한 미물이지만 거기에 의미와 상징을 담아 어떤 메시지를 전하고자 했던 경우가 많았어요. 이번에는 무시무시한 모습의 사마귀를 볼까요?

사마귀가 의미하는 것은 뭘까?

〈가지와 사마귀〉 오죽헌·시립박물관 소장

사마귀는 전체적인 모양새가 좀 위협적이지요? 사마귀가 앞발을 치켜들고 있으면, 그 모습이 마치 도낏자루를 들어 올린 것 같아 보일 정도이거든요. 요즘에는 사마귀를 직접 보기가 어려워졌지만 옛날에는 주변에서 쉽게 사마귀를 볼 수 있었어요. 그래서인지 사마귀는 초충도에 의외로 많이 등장합니다.

사마귀는 매미까지 잡아먹으려 한다는 점에서 탐욕스러움을 상징하기도 하고, 살아 있는 먹이를 잡기 위해 오랫동안 기다린다는 점에서 인내심을

〈수박과 패랭이〉의 일부, 사임당 화첩

상징하기도 합니다. 서로 다른 의미를 한 몸에 지니고 있는 곤충이지요.

사마귀 하면 떠오르는 한자성어가 있습니다. 옛날 중국 춘추 시대의 이야기에서 유래한 '당랑거철(螳螂拒轍)'이에요. 여기서 '당(螳)'과 '랑(螂)'은 사마귀를 뜻하는 한자로, 당랑거철은 '사마귀가 수레를 막는다.'는 의미예요. 작은 사마귀 한 마리가 커다란 수레를 막아 낸다는 것이 어디 가능한 일인가요? 당연히 불가능하지요. 그래서 당랑거철이라는 말은 자신의 처지나 분수를 모르고 상대가 되지 않는 사람 또는 사물과 대적하려는 모습을 이르는 말입니다. 무모한 일을 할 때 이를 지적하기 위해 사용하는 한자성어랍니다.

오죽헌·시립박물관 소장 초충도 병풍

〈오이와 메뚜기〉

〈물봉선화와 쇠똥벌레〉

〈수박과 여치〉

〈가지와 사마귀〉

강릉에 있는 오죽헌·시립박물관에도 신사임당이 그린 것으로 전해 오는 초충도 여러 점이 보관·전시되어 있습니다. 대표적인 것이 여덟 폭짜리 초충도 병풍이에요.

초충도 병풍은 〈오이와 메뚜기〉, 〈물봉선화와 쇠똥벌레〉, 〈수박과 여치〉, 〈가지와 사마귀〉, 〈맨드라미와 개구리〉, 〈양귀비와 풀거미〉, 〈봉선화와 잠자리〉, 〈원추리와 벌〉 등입니다.

여덟 폭 병풍에는 오이, 수박, 가지, 맨드라미, 양귀비, 원추리, 봉선화, 도라지, 패랭이, 달개비 등의 식물과 메뚜기, 쇠똥벌레, 여치, 방아깨비, 사마귀, 개구리, 풀거미, 잠자리, 나비, 벌 등의 곤충이 등장합니다.

오죽헌·시립박물관에 있는 초충도 병풍 그림은 국립중앙박물관에 있는 초충도 병풍 그림과 풍기는 분위기가 좀 다릅니다. 각 그림 속의 식물을 보면 키가 좀 더 길쭉하면서 단촐하고 간결하게 표현되어 있지요. 전체적으로 늘씬하고 시원시원한 모습입니다.

색감도 국립중앙박물관 초충도 병풍과 많이 다릅니다. 식물의 잎은 연하고 담백한 녹색이며, 꽃은 엷은

〈맨드라미와 개구리〉

〈양귀비와 풀거미〉

〈봉선화와 잠자리〉

〈원추리와 벌〉

　주홍빛으로 되어 있습니다. 하늘색 꽃잎이 더러 눈에 뜨이지만 담록색과 주홍빛의 두 가지 색상으로 화면을 구성하고 있네요. 국립중앙박물관의 초충도는 색상이 좀 더 강하고 색의 대비가 두드러지지요. 이에 비해 오죽헌·시립박물관의 초충도는 좀 더 가라앉은 느낌의 색깔을 사용했습니다.

　병풍 그림 여덟 폭은 구도나 표현에 있어 통일감이 있습니다. 비교적 여백을 넉넉하게 남겨 두어서 화면이 전혀 답답하지 않군요. 그림마다 색상을 많이 사용하지도 않았습니다. 색상을 절제하면서 통일시키려고 한 듯합니다.

　또한 국립중앙박물관의 초충도에 비해 화면 구성이 좀 더 간결하고 부드러우며 여유가 있습니다. 그림에 곡선의 아름다움이 두드러집니다. 덕분에 화면엔 리듬감과 율동감이 잘 나타났습니다. 전체적으로 보면 오죽헌·시립박물관의 초충도 병풍이 국립중앙박물관의 초충도 병풍보다 좀 더 능숙하고 세련된 느낌을 줍니다.

　그럼 이제 병풍 그림 여덟 점을 각각 감상해 볼까요?

1폭 〈오이와 메뚜기〉

2폭 〈물봉선화와 쇠똥벌레〉

사선의 땅과 타원형의 오이 덩굴! 지그재그 곡선이 위로 쭉쭉!

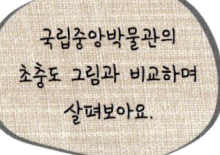

국립중앙박물관의 초충도 그림과 비교하며 살펴보아요.

먼저 1폭인 〈오이와 메뚜기〉를 보겠습니다. 화면 한가운데 타원형을 그리며 위쪽으로 솟아올라간 오이 덩굴이 눈에 확 들어옵니다. 덩굴에는 오이가 탐스럽게 열려 있네요. 오이의 잎을 널찍하게 그리고 잎맥은 가느다란 선으로 섬세하게 표현했습니다. 오이가 전체적으로 통통한 모습이지요. 옛날 오이는 이렇게 통통한 것이 많았나 봅니다.

오이 옆으로 패랭이꽃이 단정하게 피어 있습니다. 국립중앙박물관의 초충도는 대부분 화면의 아래쪽 3분의 1 지점에 수평으로 점이나 선을 그려 땅을 표현해 놓았지요. 그런데 이 작품은 화면 왼쪽 아래 모퉁이에 사선으로 땅을 그려 넣었습니다. 과감하고 새로운 표현이지요. 그래서 훨씬 더 생

〈오이와 메뚜기〉, 종이에 채색, 44.2×25.7cm, 오죽헌·시립박물관 소장

동감이 넘치고 입체적으로 다가오는 듯합니다. 이 사선의 땅과 타원형의 오이 덩굴이 한데 어울려 화면에 생동감과 변화를 부여해 줍니다. 이 그림의 가장 큰 매력이라고 할 수 있지요. 나비 두 마리와 메뚜기의 모습도 매우 사실적입니다.

2폭은 〈물봉선화와 쇠똥벌레〉입니다. 물봉선화와 패랭이꽃을 단정하게 화면에 옮겨 놓았군요. 안정적인 구도와 담백한 색상을 너무 화사하지 않게 구사했습니다. 물봉선화와 패랭이꽃은 모두 지그재그 곡선을 그리며 위로 솟아나 있어요. 특히 굴곡진 물봉선화 줄기는 그림에 더욱 사실감을 주고 생동감도 넘치게 해 줍니다.

물봉선화 위로는 잠자리가 날아들고 있고, 아래쪽 땅에는 쇠똥벌레가 보이는군요. 쇠똥벌레 두 마리가 위쪽을 향해 줄 맞춰 가고 있는 모습이 재미있습니다. 그런데 잠자리와 쇠똥벌레는 서로 다른 방향을 보고 있습니다. 반대 방향을 보고 있기 때문에 화면에 긴장감이 살아나는 듯도 하지 않나요?

〈물봉선화와 쇠똥벌레〉, 종이에 채색, 44.2×25.7cm, 오죽헌·시립박물관 소장

예나 지금이나 오래 살기를 바라는 마음은 같았습니다. 이런 기원을 담아 그린 그림 중에는 십장생도가 있지요. 자연에서 만나는 열 가지 자연물을 그린 거예요. 그런 자연물에는 어떤 것들이 있는지 그림과 예술품으로 만나 볼까요?

장수의 기원을 담은 열 가지!

요즘도 그렇지만 옛사람들 역시 건강하게 오래오래 살기를 바랐습니다. 그러다 보니 장수를 기원하는 의미의 그림인 십장생도를 좋아했답니다.

십장생은 장수를 상징하는 열 가지 자연물을 말합니다. 그런데 열 가지가 정확하게 정해져 있는 것은 아니에요. 보통 해, 달, 산, 돌(바위), 물, 구름, 소나무, 대나무, 거북, 사슴, 학, 불로초, 복숭아 등에서 열 가지를 골라 십장생이라고 하지요. 십장생은 '오랫동안 생명을 유지하는 10가지'라는 의미입니다.

그런데 여기에 동물이나 식물 같은 생명체만 포함시킨 것은 아니에요. 십장생에는 동물이나 식물 같은 생명체도 있고 해, 달, 구름, 산, 돌, 물과 같은 무생물도 있어요. 생명이 없는데 왜 십장생이라고 하는지 의아할 수도 있습니다. 여기서 중요한 것은 거북이나 학처럼 오래 산다는 의미뿐만 아니라 해, 달, 구름, 물, 돌처럼 늘 변하지 않는다는 의미입니다. 그래서 십장생도는 단순히 오래 사는 것에 그치지 않고 올바른 마음을 가진 채 변치 않고 살아가고픈 옛사

십장생도 오래 사는 열 가지 자연물을 표현한 그림이에요.

십장생 문양 베갯모

학 문양이 새겨진 함

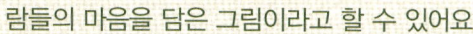

선추

람들의 마음을 담은 그림이라고 할 수 있어요.

조선 시대에는 십장생도를 많이 그렸습니다. 특히 회갑연 때 주인공에게 십장생도를 선물했습니다. 또한 새해 선물로도 인기가 높았다고 해요. 모두 건강과 장수를 기원하는 마음을 담아 선물했지요.

특히 십장생도는 여덟 혹은 열 폭짜리 병풍 그림이 많았습니다. 십장생 병풍은 회갑연 때 잔칫상 뒤에 세워 놓거나 선비들의 사랑방에 장식용으로 펼쳐 놓곤 했어요. 궁중에서도 십장생 병풍을 제작해 사용했는데, 분위기가 매우 화려하고 웅장합니다. 도자기, 공예품, 자수품 등에도 십장생이 많이 등장했답니다.

거북 모양
백동제 낙관

청화백자운용문병
십장생 중 구름을
표현했어요.

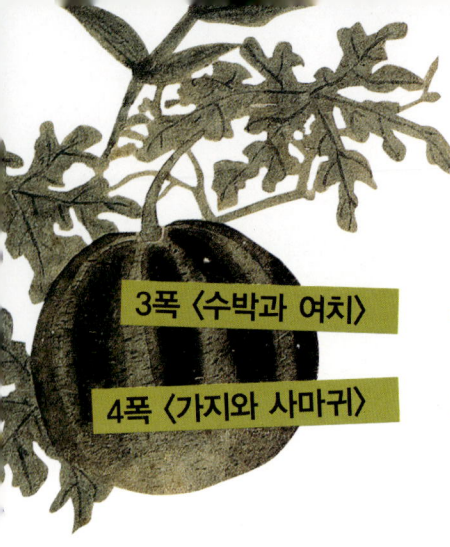

3폭 〈수박과 여치〉

4폭 〈가지와 사마귀〉

섬세하고 사실적인 수박 덩굴손
커다란 가지 줄기, 작은 들국화

신사임당의 그림 속 수박과 여치, 가지와 사마귀는 어떤 모습일까요?

3폭은 〈수박과 여치〉입니다. 화면 아래쪽에 수박 두 덩어리가 있습니다. 수박 덩굴 가운데 하나가 화면 위쪽으로 곡선을 그리며 올라갔습니다. 율동감과 상승감이 잘 드러나 있어 특히 매력적입니다. 긴 가지는 오른쪽 위로 올라가고 짧은 가지는 왼쪽 아래로 내려감으로써 무게의 중심을 잘 잡아 주고 있습니다. 생동감과 율동감이 두드러지되 안정감을 주며 화면을 차분하게 만들어 주고 있는 것이지요. 곳곳에 표현해 놓은 수박 덩굴손은 섬세하고 사실적입니다.

수박 옆에는 달개비꽃이 피어 있어요. 푸른색 달개비꽃이지만 색을 강하게 쓰지 않고 연하게 써서 분위기가 차분합니다.

〈수박과 여치〉, 종이에 채색, 44.2×25.7cm, 오죽헌·시립박물관 소장

수박과 달개비꽃 위로는 흰 나비 두 마리가 날아들고 있네요. 아래쪽에 자리한 여치는 여유로워 보입니다. 그림은 다소 화면 왼쪽으로 치우쳐 있군요. 그래서 더 세련된 분위기입니다.

4폭 〈가지와 사마귀〉를 볼까요? 화면 한가운데에 가지 줄기가 단정하게 자리 잡고 있습니다. 줄기에는 가지 두 개가 열려 있고, 가지 꽃 세 송이가 피어 있군요. 가지 아래쪽에는 들국화가 피어 있습니다. 가지 줄기와 가지는 커다란데, 이에 비해 들국화는 작아 보입니다. 그 대비가 인상적이지요. 하늘에는 나비 두 마리가, 땅에는 사마귀 한 마리가 보입니다. 가지와 들국화, 나비와 사마귀 모두 이 그림 속에서는 간결한 구도로, 번잡하거나 장황하지 않고 단정하게 그려져 있네요.

그런데 나비와 사마귀는 모두 가지를 향하고 있습니다. 화면 중앙으로 집중하는 것이지요. 그로 인해 화면에 응집력이 생겨 힘이 넘칩니다.

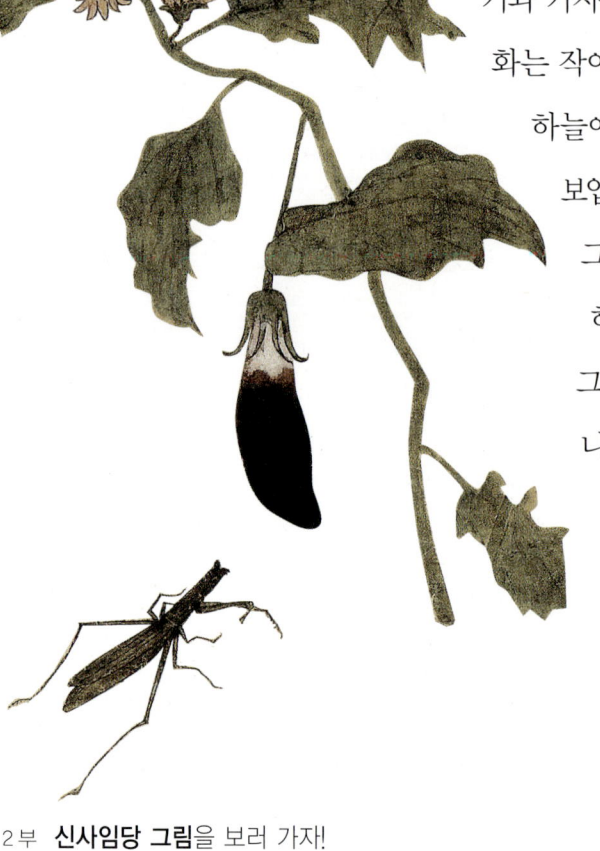

110 제2부 **신사임당 그림**을 보러 가자!

〈가지와 사마귀〉, 종이에 채색, 44.2×25.7cm, 오죽헌・시립박물관 소장

소망을 담아 그린 그림 중에는 문자 그림도 있어요. 글자에 담긴 뜻이 이뤄지기를 바라면서 그린 것이지요. 이를 문자도라고 하는데, 어떤 글자에 어떤 의미를 담아 그림을 그렸는지 알아볼까요?

문자 그림에 담긴 뜻은?

문자도는 18세기 후반부터 19세기까지 널리 유행했던 글자를 그린 그림입니다. 조선 시대에 일반 백성들이 즐겨 그렸지요.

문자도에 가장 많이 등장하는 글자는 孝(효), 悌(제), 忠(충), 信(신), 禮(예), 義(의), 廉(염), 恥(치) 등입니다. 효는 부모에게 효도하는 것, 제는 형제와 이웃을 사랑하는 것, 충은 국가와 민족에 헌신하고 충성하는 것, 신은 서로 믿고 약속을 지키는 것, 예는 가족과 이웃을 사랑하고 예절을 갖추는 것, 의는 의리와 절개를 지키는 것, 염은 검소하고 청렴하게 생활하는 것, 치는 부끄러움을 아는 것을 말합니다.

글자들의 의미를 보니 모두 도덕적이고 윤리적이군요. 조선 시대에는 이 여덟 가지를 유교의 주요 덕목으로 여겼답니다. 왜 조선 시대 사람들이 문자도를 그렸는지 알 수 있겠지요? 유교적 윤리와 도덕을 되새기기 위해 문자도를 그렸답니다.

그런데 문자도를 눈여겨보니, 글자만 있는 게 아닙니다. 물고기도 있고 대나무도 있고 복숭아도 있습니다. 각각 글자의 의미와 관련이 있는 상징물을 함께 그려 넣은 것이랍니다.

효(孝) 문자도를 보면 윗부분에 잉어가 나옵니다. 옛날 중국에서 아들이 어머니를 위해 한겨울에 얼음을 깨고 잉어를 잡아 왔다는 이야기를 표현한 것입니다. 효 문자도에는 대나무 잎과 부채도 등장합니다. 이 또한 옛날 중국에서 한 아들이 한겨울 어머니가 먹고 싶다는 죽순을 구해 온 이야기와 중국 한나라의 황향이라는 사람이 여름이 되면 늘 어머니 옆에서 부채질을 했다는 이야기를 담은 거예요.

제(悌) 문자도에는 대부분 할미새가 등장합니다. 할미새 한 쌍이 서로 마주 보며 먹이를 나눠 먹는 모습이지요. 중국 고전에는 할미새가 형제의 우애와 화목을 상징하는 것으로 나오는데, 그것을 문자도에 표현한 것이에요.

충(忠) 문자도에는 용과 거북 등이 등장합니다. 용은 임금을 상징하는데, 임금에 충성해야 한다는 의미로 용을 그린 것이지요. 거북은 중국 은나라의 한 충신과 관련된 이야기에서 비롯되었습니다. 그 신하는 왕에게 꼭 필요한 말을 하다가 미움을 사 죽고 말았는데, 신하의 집 마당에서 거북이 나왔지요. 그 뒤 거북이 충성을 상징하게 되었다고 하네요.

신(信) 문자도에는 편지를 입에 물고 있는 기러기와 파랑새가 그려져 있습니다. 여기서 편지는 믿음과 약속을 의미합니다. 믿는다는 의미의 글자에 잘 어울리는 상징물이군요.

의(義) 문자도에는 복숭아꽃과 연꽃, 한 쌍의 꿩이나 새가 등장합니다. 복숭아꽃이 등장하는 것은 《삼국지》의 주인공 유비, 관우, 장비가 복숭아꽃이 만발한 도원에서 결의를 한 이야기에서 유래했어요.

위에서 말한 유교적 덕목의 문자도 외에도 용(龍), 호(虎), 구(龜) 등의 글자를 이용한 문자도가 있답니다. 이 문자도들은 용맹, 풍요, 장수를 상징합니다. 수복(壽福) 등의 글자를 이용해 장수와 복을 기원하는 길상 문자도도 있습니다.

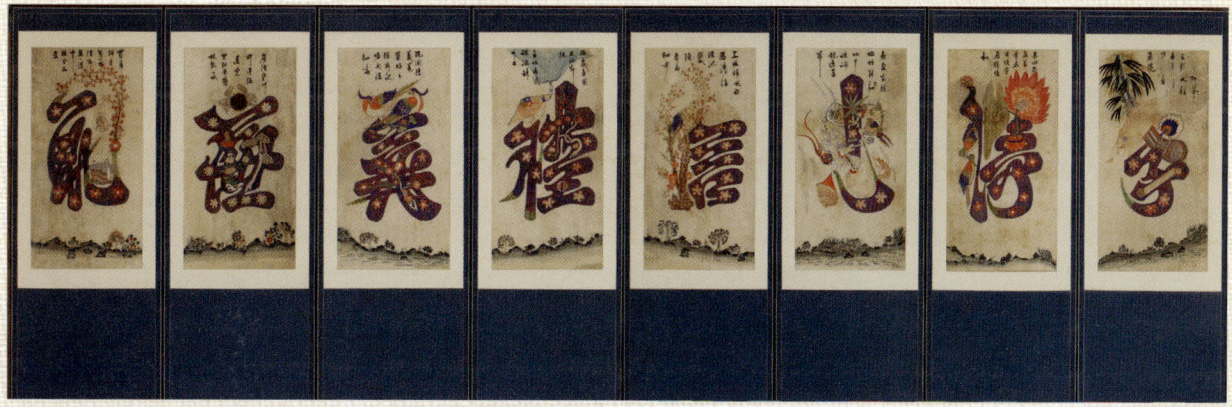

문자도 병풍

5폭 〈맨드라미와 개구리〉
6폭 〈양귀비와 풀거미〉

맨드라미와 도라지꽃이 이룬 대비
소용돌이치는 듯한 양귀비

신사임당이 바라본 맨드라미와 양귀비는 어떤 아름다움을 가지고 있는지, 또 개구리와 풀거미는 어떤 모습인지 살펴보아요.

5폭은 〈맨드라미와 개구리〉라는 작품입니다. 맨드라미와 도라지꽃이 서로 붙어 굴곡진 형태를 띠고 있네요. 맨드라미는 육중한데 옆에 있는 도라지꽃은 상대적으로 왜소해 보이는군요. 그 대비가 무척 이채롭습니다. 두 꽃이 나란히 곡선을 그리고 있는 모습도 눈길을 끌지요. 위쪽에는 나비 두 마리, 아래쪽에는 개구리 한 마리가 있어요. 개구리는 고개를 쳐들고 위쪽을 열심히 보고 있습니다. 아무래도 먹이를 찾는 것이겠지요. 위쪽의 나비는 벌처럼 작게

114 　제2부 **신사임당 그림**을 보러 가자!

〈맨드라미와 개구리〉, 종이에 채색, 44.2×25.7cm, 오죽헌·시립박물관 소장

그린 것이 재미있습니다. 신사임당의 초충도에 등장하는 나비 가운데 가장 작은 듯합니다. 유심히 들여다보니 개구리 역시 작게 그렸군요. 아마도 신사임당이 나비와 개구리보다는 맨드라미와 도라지꽃을 좀 더 강조하고 싶었던 모양입니다.

6폭은 〈양귀비와 풀거미〉입니다. 화면 한가운데 차지하고 있는 양귀비는 꽃도 예쁘고 화려하지만 휘감아 도는 듯한 줄기와 덩굴이 보는 사람의 시선을 확 붙잡는군요. 양귀비꽃의 잎줄기 하나는 화면 왼쪽 위 끝까지 쭉 뻗어 올라갔습니다. 양귀비 꽃송이를 받치고 있는 줄기들은 완전히 구부러져 굴곡진 모습입니다. 그 아래쪽 잎줄기들 역시 시원스레 뻗어 올라갔습니다. 전체적으로 보면 신사임당은 양귀비의 꽃과 줄기, 잎들을 마치 소용돌이치는 듯이 묘사했어요. 덕분에 그림은 힘이 넘칩니다.

위쪽의 나비는 5폭 〈맨드라미와 개구리〉에서처럼 무척 작게 그렸습니다. 아래쪽에는 풀거미가 보이는데, 하늘빛 색깔이 세련되고 이채롭습니다.

〈양귀비와 풀거미〉, 종이에 채색, 44.2×25.7cm, 오죽헌·시립박물관 소장

조선 시대에 선비들이 많이 그린 그림 중에는 책가도도 있습니다. 책가도는 책, 벼루, 먹, 붓, 붓꽂이, 두루마리꽂이 따위의 문방구를 기본으로 해서 꽃병, 주전자, 시계 따위의 방 안에서 쓰는 물건들을 어울리게 그린 그림입니다. 18세기에서 19세기에 선비들 사이에서 유행한 책가도를 살펴보아요.

책가도에 담은 것!

조선 시대 사람들은 책을 많이 읽었습니다. 그 가운데 가장 열심이었던 사람들은 물론 문인인 선비들이었습니다. 19세기 말 조선 땅을 찾은 외국인들은 전국 곳곳 어느 집에 가도 책이 있는 것을 보고 매우 놀랐다는 이야기도 전해 오지요.

책가도는 서재에 있는 책과 문방구, 기타 장식물 등을 표현한 그림입니다. 책거리 그림이라고 부르기도 하지요. 책가는 오늘날의 책꽂이예요.

책가도에는 높이 쌓여 있는 책과 책상자를 비롯해 붓, 종이, 벼루, 먹, 필통, 연적 등의 문방구가 등장합니다. 여기서 붓, 종이, 벼루, 먹은 문방사우(文房四友)라고 해요. 공부방의 네 친구라는 뜻이지요.

이뿐만 아니라 선비들이 사랑방에 장식했던 도자기, 청동기, 화병, 화분, 부채, 두루마리 그림과 선비들이 여가 생활에 사용했던 바둑판, 담뱃대, 악기 등

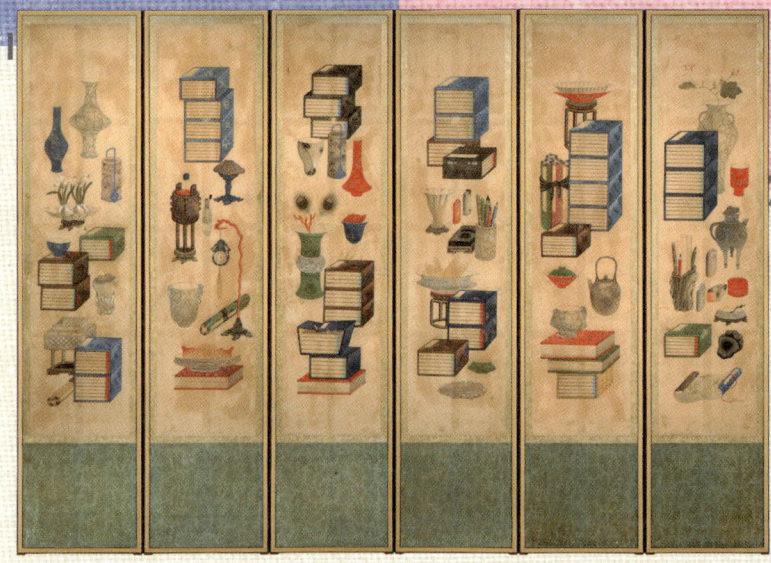

도 보입니다. 그야말로 선비들이 공부하고 휴식할 때 즐겨 사용했던 물건들이 모두 등장하지요.

　책가도는 조선 후기인 18~19세기에 많이 그린 그림입니다. 낱장으로 그린 경우도 있지만 병풍으로도 많이 만들었어요. 책가도는 누가 그렸는지 밝혀지지 않은 경우가 많습니다. 궁중에서 일하는 전문 화원이 그리기도 했고, 보통 사람들이 그리기도 했지요. 또 특별한 규칙 없이 그리는 사람의 마음에 따라 표현하는 경우가 대부분이에요. 그러다 보니 원근법이나 시선의 각도가 맞지 않는 그림도 적지 않지요. 이를 두고 과학적이고 객관적이지 않다고 말하는 사람도 있을 겁니다. 하지만 요즘에는 오히려 책가도 풍의 그림을 그리는 화가들이 꽤 많습니다. 왜 그럴까요? 바로 책가도 속에 창의적이고 현대적인 감각이 담겨 있기 때문이랍니다.

책가도 여섯 폭 병풍

책가도 여덟 폭 병풍

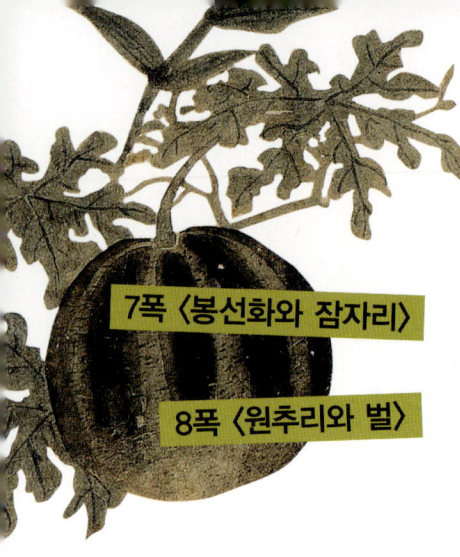

7폭 〈봉선화와 잠자리〉
8폭 〈원추리와 벌〉

왼쪽에 봉선화, 오른쪽에 엉겅퀴
율동감 넘치는 원추리, 단정한 국화

신사임당의 그림 속 봉선화와 잠자리, 원추리와 벌의 모습은 어떨까요?

7폭은 〈봉선화와 잠자리〉입니다. 화면 왼쪽에 봉선화를, 오른쪽에 엉겅퀴를 배치해 놓았습니다. 식물 두 개가 11자형으로 서로 떨어져 있는데, 이런 구도는 신사임당 그림 가운데 다소 이례적입니다.

봉선화를 보면 줄기와 잎 사이로 탐스럽게 피어 있는 꽃들이 인상적입니다. 활짝 피기 직전의 꽃봉오리들도 눈에 들어옵니다. 모두 만개하면 얼마나 멋지고 풍성할까 하는 기대감이 절로 들지요. 신사임당의 초충도 가운데 이렇게 꽃을 풍성하게 표현한 그림은 매우 드뭅니다. 이에 반해 엉겅퀴꽃은 매우 단출해 보이지요. 봉선화와 엉겅퀴의 대비를 강조한 표현이 작품을 더 멋지게 만들어 준다고 할 수 있습니다. 화면 위쪽에

120 제2부 **신사임당 그림**을 보러 가자!

〈봉선화와 잠자리〉, 종이에 채색, 44.2×25.7cm, 오죽헌·시립박물관 소장

는 잠자리와 나비들이, 아래쪽에는 사마귀가 보입니다. 상대적으로 나비는 작게, 잠자리는 크게 그렸네요.

마지막으로 8폭을 보겠습니다. 이 그림의 제목은 〈원추리와 벌〉입니다. 화면을 보니 원추리와 들국화가 함께 자리 잡고 있군요. 원추리의 꽃 줄기와 잎은 휘들어진 곡선으로 표현했습니다. 그 곡선의 율동감이 대단하지요. 국립중앙박물관의 초충도 병풍 6폭 〈원추리와 개구리〉와 비교해 보면 확연하게 드러납니다. 국립중앙박물관 작품에서는 원추리가 반듯한 직선으로 솟아 올랐습니다. 그래서 시원한 힘이 느껴지지요. 하지만 오죽헌·시립박물관에 있는 이 작품은 율동감 넘치는 곡선으로 표현되어 있어요. 모두 신사임당이 그린 원추리 그림이지만 이렇게 다르게 표현했다는 사실이 재미있습니다.

원추리 옆 국화는 아직 꽃이 활짝 피기 직전의 봉오리 상태입니다. 원추리의 현란한 율동감에 비하면 들국화는 비교적 단정한 분위기이지요. 하지만 4폭 〈가지와 사마귀〉에 나오는 들국화보다 존재감이 잘 부각되었습니다.

〈원추리와 벌〉, 종이에 채색, 44.2×25.7cm, 오죽헌·시립박물관 소장

초충도는 곤충과 여러 가지 식물을 소재로 그린 그림입니다. 이런 종류의 또다른 그림으로는 꽃과 새를 소재로 그린 것들이 있습니다. 꽃과 새를 주제로 담아서 화조화라 불리는데, 초충도, 화훼화 등과 더불어 조선 시대 문인들이 즐겨 그린 그림입니다. 그림을 들여다볼까요?

동식물을 그린 화조화!

매화나무에 까치가 앉아 있는 모습을 그린 김홍도의 〈춘작보희도〉, 1796년, 종이에 엷은 채색, 26.7×31.6cm, 삼성미술관 리움 소장.

　조선 시대 사람들은 문인화나 산수화, 초상화 뿐만 아니라 정겹고 따뜻한 분위기의 동물과 꽃, 풀 그림도 많이 그렸습니다. 화조화(花鳥畵)가 그런 그림 중 하나입니다. 화조화는 꽃과 새를 그린 그림을 말하지요.

　그런데 그 의미를 넓혀 동식물을 그린 그림을 모두 화조화라고 합니다. 화조화에는 꽃과 나무를 그린 화훼화(花卉畵), 새와 짐승을 그린 영모화(翎毛畵), 풀과 벌레를 그린 초충도(草蟲圖)를 모두 포함하지요. 신사임당의 초충도도 화조화에 해당하는 셈입니다.

　옛사람들은 꽃과 나무, 새와 동물을 그림으로 표현함으로써 자연과 하나가 되고 싶어 했습니다. 화조화를 그리고 감상하면서 새와 꽃 등의 의미를 되새겨 보고 거기에 자신의 희망을 담아 보곤 했던 것이지요. 그러다 보니 화조화에 등장하는 새나 동물, 꽃과 나무 등은 상징적인 의미를 갖게 되었습니다. 까치는 기쁜 소식을, 모란은 부귀 영화를,

포도는 많은 자식을, 잉어는 과거 급제와 출세를 상징하는 식으로 말이에요.
영모화, 즉 동물 그림도 매력적입니다. 호랑이 그림에서는 조선 호랑이의 당당함을, 강아지 그림에서는 강아지의 귀여움과 인간적인 따스함을 느낄 수 있어요.

영모화를 좀 더 꼼꼼하게 관찰해 보면 섬세한 붓질과 사실적인 표현에 놀라지 않을 수 없답니다. 김홍도나 심사정이 그린 호랑이 그림을 보면, 수염 하나 하나가 그대로 살아 있는 데다 금방이라도 호랑이가 포효하면서 화면 밖으로 뛰쳐 나올 것만 같지요. 고양이 화가로 유명한 변상벽의 고양이 그림을 보면 실제 고양이가 화면 속으로 들어가 있는 것으로 착각할 정도예요. 남계우가 그린 나비 그림도 그 화사함과 정교함이 보는 이의 감탄을 자아냅니다. 영모화를 그렸던 조선 시대 화가들의 그림 실력이 어느 정도였는지 절로 고개가 끄덕여지지요?

〈국정추묘〉 변상벽, 종이에 채색, 29.5×22.5cm, 간송미술관 소장

〈송하맹호도〉 김홍도와 강세황, 비단에 수묵, 90.4×43.8cm, 삼성미술관 리움 소장

〈꽃과 나비〉 남계우, 종이에 채색, 127.9×28.8cm, 국립중앙박물관 소장

신사임당의 다른 그림들

《사임당화첩》

〈수박과 패랭이〉

〈꽈리와 잠자리〉

〈물소〉

〈물새〉

국립중앙박물관

〈산수화〉

〈산수화〉

간송미술관

〈포도도〉

〈맨드라미와 개구리〉

〈수박과 나비〉

국립중앙박물관과 강릉시 오죽헌・시립박물관에 있는 초충도 병풍 외에도 신사임당의 그림은 또 있습니다. 먼저 오죽헌・시립박물관에 있는 《사임당화첩》을 들 수 있어요. 여기엔 초충도 그림과 〈물소〉, 〈물새〉 등의 그림이 담겨 있어요. 신사임당 그림의 다양한 특징과 아름다움을 보여 주는 소중한 화첩이에요. 강릉 오죽헌의 박물관을 찾게 되면 꼭 챙겨 봐야 할 작품이랍니다.

간송미술관에도 신사임당의 명품들이 있어요. 간송 전형필은 일제 강점기에 전 재산을 들여 귀중한 우리 문화재를 지켜 낸 인물이지요. 간송 선생이 수집한 문화재를 모아 놓은 곳이 바로 간송미술관입니다. 이곳에 있는 신사임당 작품 가운데 가장 유명한 것은 다름아닌 〈포도도〉입니다. 그리고 국립중앙박물관에는 신사임당의 〈산수화〉 2점이 있어요. 문인화풍의 품격과 깊이가 담겨 있는 작품이지요.

이것들은 모두 평소에 보기 어려운 그림들입니다. 그럼, 이제 한 점 한 점 그림을 감상하러 떠나 볼까요?

《사임당화첩》

〈수박과 패랭이〉

〈꼬리와 잠자리〉

당당한 수박의 무게감
꼬리와 쑥부쟁이가 단정하게!

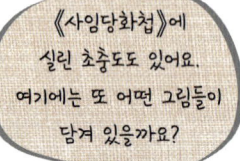

《사임당화첩》에 실린 초충도도 있어요. 여기에는 또 어떤 그림들이 담겨 있을까요?

오죽헌·시립박물관의 《사임당화첩》에도 초충도가 들어 있어요.

이 가운데 하나인 〈수박과 패랭이〉는 매우 인상적입니다. 화면 한가운데 수박과 패랭이 꽃이 있고 위쪽에는 벌 네 마리가, 아래쪽에 사마귀가 있습니다. 우선 수박의 모습이 육중하고 당당합니다. 커다란 수박이 눈앞으로 불쑥 굴러 들어오는 듯하네요. 수박 한 덩어리를 이렇게 화면 한가운데에 떡하니 배치한다는 것은 대담한 발상이 아닐 수 없습니다. 신사임당의 초충도에서 가장 과감한 배치가 아닐까 하는 생각이 듭니다.

이 커다란 수박 옆으로는 수박 넝쿨과 잎이 생동감 넘치게 퍼져 있어요.

〈수박과 패랭이〉, 종이에 채색, 44.3×25.9cm, 오죽헌·시립박물관 소장

특히 넝쿨이 곡선을 그리며 수박 뒤쪽으로 뻗어 올라간 모습을 사실적으로 표현했습니다.

수박 넝쿨 사이로는 패랭이가 단정하게 피어 있네요. 수박 넝쿨과 패랭이 꽃이 서로 얽혀 있는 모습이 변화와 생동감을 살려냅니다. 수박과 수박 넝쿨의 배치는 신사임당의 다른 수박 그림에서 느낄 수 없는 것이어서 더욱 신선하고 매력적입니다.

또 하나의 작품은 〈꽈리와 잠자리〉입니다. 화면 가운데에 꽈리, 쑥부쟁이가 있고 그 주위로 벌, 나비, 잠자리, 여치 등의 날벌레와 길벌레를 배치했습니다.

화면은 전체적으로 단정하고 여유가 있습니다. 핵심이 되는 꽈리와 쑥부쟁이가 아주 반듯하게 표현되어 있기 때문이지요. 꽈리와 쑥부쟁이를 화면 한가운데 배치함으로써 안정감을 잘 살렸습니다. 특별한 변화나 파격, 과감한 율동감을 드러내지 않았습니다. 화면 하단에는 땅을 표현했는데, 깔끔하고 매력적입니다. 땅의 표현 역시 꽈리와 쑥부쟁이의 표현과 맥을 같이한다고 볼 수 있겠지요.

이 작품은 오죽헌·시립박물관에 있는 초충도 병풍 여덟 폭과 분위기, 구도, 색감이 비슷합니다. 신사임당의 넷째 아들인 이우의 후손들이 보관해 왔다고 합니다.

〈꽈리와 잠자리〉, 종이에 채색, 44.3×25.9cm, 오죽헌·시립박물관 소장

《사임당화첩》

<물소> 사실적인 소의 육중한 몸체
<물새> 간결하고 서정적인 물새의 모습

신사임당이 그린 육중한 물소를 자세히 들여다볼까요?

오죽헌·시립박물관이 소장하고 있는 《사임당화첩》에는 신사임당이 그린 것으로 알려진 영모화가 들어 있습니다. 바로 <물새>와 <물소> 그림입니다.

<물소>는 큼지막하고 통통한 소 한 마리가 물가에서 물을 먹는 모습을 그린 그림입니다. 뒷발로 물가 흙을 디디고 앞발을 물에 담근 채 목을 약간 숙이고 물을 먹으려 하고 있습니다. 소의 육중한 몸체가 사실적으로 다가오는군요. 신사임당은 물을 마시려고 물속으로 들어가는 소의 모습을 제대로 포착했습니다. 마치 카메라를 들고 위쪽에서 촬영한 듯한 느낌을 줍니다. 전체적인 소의 움직임은 물론이고 소의 표정도

〈물소〉 비단에 수묵, 20.2×14.5cm, 오죽헌·시립박물관 소장

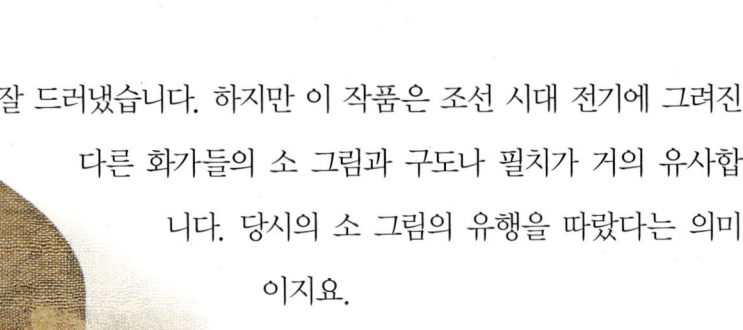

잘 드러냈습니다. 하지만 이 작품은 조선 시대 전기에 그려진 다른 화가들의 소 그림과 구도나 필치가 거의 유사합니다. 당시의 소 그림의 유행을 따랐다는 의미이지요.

〈물새〉는 갈대밭 물가에 앉아 있는 물새의 모습을 간결하면서도 서정적으로 표현한 작품이에요. 물새의 배경이 되는 갈대는 붓선 몇 개로 간결하게 표현했고, 화면 아래쪽에는 점 몇 개를 찍어 수초의 흔적을 묘사했군요. 참으로 멋지고 매력적인 표현 방식입니다.

물새를 보니 몸은 오른쪽으로 향하고 있는데 머리는 왼쪽을 향하고 있어요. 고개를 돌려 어딘가를 바라보고 있는 것이지요. 무언가를 경계하는 것인지, 동료나 가족을 찾아 두리번거리는 것인지 이런저런 궁금증이 듭니다. 고개를 돌려 먼 곳을 바라보는 물새의 목 부위가 다소 비사실적으로 보여서 좀 답답해 보이는군요. 그렇지만 전체적으로 갈대와 수초, 물새가 어우러진 물가 풍경을 단출하지만 기분 좋게 전해 주고 있습니다. 보는 사람을 차분하고 서정적으로 만들어 주는 그림입니다.

〈물새〉, 비단에 수묵, 21×14.7cm, 오죽헌·시립박물관 소장

간송미술관

〈포도도〉

탐스럽게 매달려 있는 포도송이

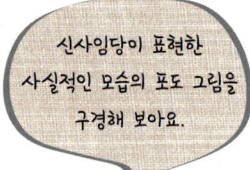

신사임당이 표현한 사실적인 모습의 포도 그림을 구경해 보아요.

포도 그림은 신사임당 그림 가운데 가장 유명한 그림입니다. 아주 멋진 작품으로, 5만 원권 화폐에도 실려 있지요. 신사임당은 포도 그림을 많이 그린 것으로 전해 오지만 가장 유명한 그림은 간송미술관에 있는 〈포도도〉입니다. 비단 바탕에 수묵으로 그린 이 작품은 조선 시대에 그려진 포도 그림 중 명품으로 꼽힌답니다.

포도나무를 직접 본 적이 있나요? 죽 이어져 있는 포도나무 밑으로 들어가 보면 주렁주렁 탐스럽게 매달려 있는 포도송이를 볼 수 있어요. 그 풍경이 무척이나 싱그럽지요. 포도나무와 포도송이의 싱싱한 생명력을 느낄 수 있습니다. 이 그림을 보고 있노라면 마치 진짜 포도나무 아래에 들어와 있

136 제2부 **신사임당 그림**을 보러 가자!

〈포도도〉, 비단에 수묵, 31.5×21.7cm, 간송미술관 소장

는 듯합니다.

시원하게 쫙 펼쳐진 포도 잎, 밑으로 쭉 내려간 줄기, 그 옆으로 동글동글 말리면서 퍼져 나간 덩굴손, 탱글탱글한 포도 알. 신사임당의 포도송이의 표현은 정말 압권입니다. 신사임당은 먹 하나만으로 포도송이의 명암을 기가 막히게 표현해 냈습니다. 그 명암의 표현을 통해 포도 알이 잘 익었는지, 덜 익었는지를 알 수 있게 해 줍니다. 포도 알 하나하나에도 짙고 옅음의 변화가 두드러져 입체감과 생동감을 전해 주고 있지요.

큼지막한 포도 잎도 시원하고 생생합니다. 잎과 가지는 포도송이와 자연스럽게 조화를 이루고 있네요. 나사처럼 말린 덩굴손은 만지면 퉁겨 나갈 듯 사실적이고요. 포도송이와 덩굴손으로 화면을 꽉 채우면서도 여백을 적절하게 구사해 화면이 전혀 답답하지 않고 안정된 분위기입니다. 묵직하면서도 시원하지요. 화면을 꽉 채운 것을 놓고 후대에 그림을 표구하거나 보관하는 과정에서 그림의 가장자리가 잘렸을 것으로 보는 사람도 있습니다. 깊은 정취가 있으면서 은근히 힘을 지닌 포도 그림의 명품입니다.

포도 그림과 관련해 아들 이율곡은 《선비행장》에 "돌아가신 어머님께서 포도를 얼마나 잘 그리셨는지 세상에 비길 만한 사람이 없었다."고 적었을 정도였지요.

포도송이를 보면 알이 많이 붙어 있는 모습이에요. 포도는 포도 알이 다닥다닥 붙어 있는 모습 때문에 예로부터 다산과 풍요의 상징으로 여겼습니다. 포도 그림은 16세기에 많이 그렸습니다. 그중 황집중의 포도 그림이 가장 유명한데, 신사임당의 포도 그림 역시 황집중의 포도 그림과 비슷합니다. 아마도 이런 유형의 포도 그림이 당시 포도 그림의 한 전형이었나 봅니다.

〈묵포도〉 황집중, 16세기, 모시에 수묵, 27×22.1cm, 국립중앙박물관 소장

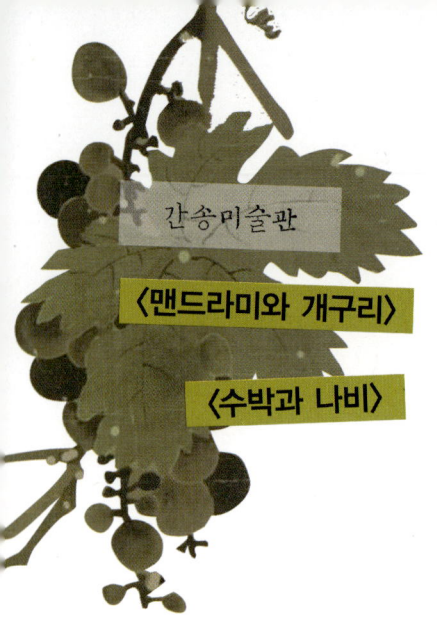

간송미술관

〈맨드라미와 개구리〉

〈수박과 나비〉

색을 강하게 쓰지 않고 부드럽게 과감하고 힘 있게 배치된 수박 두 덩이!

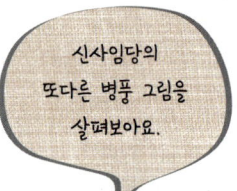

신사임당의 또다른 병풍 그림을 살펴보아요.

간송미술관에도 신사임당이 그린 것으로 전해 오는 여덟 폭짜리 초충도 병풍이 있습니다. 전체적인 구성은 국립중앙박물관과 오죽헌·시립박물관에 있는 초충도 병풍과 비슷합니다.

그 가운데 하나인 〈맨드라미와 개구리〉를 보겠습니다. 맨드라미와 도라지꽃이 피어 있고 그 위로 나비 두 마리, 아래로 개구리 한 마리가 있어요. 역시 위쪽에 여백을 많이 두었습니다. 색을 강하게 쓰지 않고 부드럽게 처리한 것이 인상적입니다.

이 그림에 나오는 맨드라미는 국립중앙박물관이나 강릉 오죽헌·시립박물관이 소장하고 있는 초충도 속의 맨드라미보다 더 자유스럽고 율동감이 넘치는 느낌을 줍니다. 줄기와 잎이 옆쪽으로 더 퍼져 나간 듯한 모습이어

〈맨드라미와 개구리〉, 종이에 채색, 41×25.7cm, 간송미술관 소장

서 생동감을 더해 주는 것 같군요. 아마도 신사임당이 좀 더 자신 있게 맨드라미를 표현한 것이 아닐까 싶습니다. 신사임당의 원숙함과 노련미가 잘 드러난 것이라고 평가할 수 있겠지요.

간송미술관에 있는 신사임당의 초충도 병풍 그림은 등장하는 식물과 곤충, 벌레의 종류나 화면의 구도에서 다른 초충도들과 큰 차이가 나는 건 아니에요. 그럼에도 약간의 차이를 발견할 수 있는 작품이 있는데, 바로 〈수박과 나비〉입니다.

〈수박과 나비〉 그림을 잘 들여다보면 국립중앙박물관이나 오죽헌·시립박물관 소장의 초충도와 구도가 약간 다름을 알 수 있어요. 수박 두 덩어리가 화면의 아래쪽 좌우로 무게감 있게 배치되어 있지요. 좀 더 과감하고 힘 있게 수박을 배치했습니다. 수박 덩굴도 자유롭게 퍼져 있습니다. 왼쪽 수박 뒤로는 쑥부쟁이가 다소곳이 피어 있네요. 그 위쪽으로 화려한 나비들이 날아다니고 있어요. 위쪽은 여백으로 많이 비워 놓았습니다.

수박의 배치와 구도, 위쪽의 여백, 수박 덩굴의 표현 등에서 신사임당의 자신감이 배어 있는 듯합니다. 덩굴 식물의 표현에 있어 좀 더 자유스러운 분위기를 담고 있지요. 정확하게 작품을 그린 연대를 확인할 수 없지만, 그래도 신사임당의 초충도가 조금씩 변해 갔음을 보여 주는 그림들입니다. 세상을 떠난 화가의 작품을 두고 '아, 이렇게 조금씩 변해 갔구나.' 하는 점을 발견할 수 있다는 것은 미술 감상의 중요한 매력이라고 할 수 있지요.

〈수박과 나비〉, 종이에 채색, 41×25.7cm, 간송미술관 소장

국립중앙박물관

〈산수화〉

저녁놀로 물들고, 달이 떠 있는 바닷가 풍경

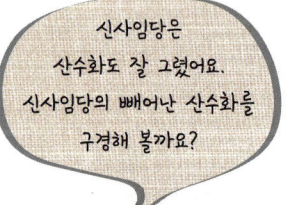

신사임당은 산수화도 잘 그렸어요. 신사임당의 빼어난 산수화를 구경해 볼까요?

현재 남아 있는 신사임당의 산수화는 두 점입니다. 두 점은 병풍 형태로 되어 있으며 모두 국립중앙박물관이 소장하고 있답니다. 두 그림 모두 가운데에 접힌 자국이 있는 것으로 보아 아마도 처음에는 화첩 형태였을 것으로 생각되는군요.

한 폭은 하늘에 달이 떠 있는 야경을 그린 것이고, 다른 한 폭은 해가 지는 저녁놀 모습을 그렸습니다. 두 폭의 구도는 대칭을 이루는데, 두 폭 모두 한 켠에 3행씩 중국 당나라 시인 맹호연과 이백의 시가 쓰여 있습니다. 두 폭의 분위기나 표현을 보면 아마도 신사임당이 하나의 세트로 의식해 그린 것이 아닐까 싶습니다.

이 가운데 하나인 저녁놀을 표현한 그림(오른쪽 아래 그림)을 볼까요? 화면을 보니 저녁놀로 물든 바닷가 풍경입니다. 저 먼 곳의 산 너머로 해가

달이 떠 있는 바닷가 풍경을 그린 〈산수화〉, 종이에 수묵, 34.2×62.2cm, 국립중앙박물관 소장

해가 지는 바닷가 풍경을 그린 〈산수화〉, 종이에 수묵, 34.8×63.3cm, 국립중앙박물관 소장

지고 있습니다. 오른쪽으로 나무와 뭍이 보이고, 왼쪽으로는 배 한 척이 조용히 어디론가 향하고 있습니다. 산은 나지막히 옆으로 길게 뻗어 있고 수면은 확 트여 있습니다. 시원한 문인화풍 산수화라고 할 수 있겠습니다. 전문가들은 구도나 공간 구성 등에서 〈몽유도원도〉로 유명한 조선 전기 최고의 화가였던 안견의 화풍을 엿볼 수 있다고 평가하고 있답니다. 이 그림의 왼쪽 위에는 당나라 시인 이백의 시가 적혀 있군요.

天晴一雁遠(천청일안원)
海闊孤帆遲(해활고범지)
白日將欲暮(백일장욕모)
滄波杳難期(창파묘난기)

맑은 하늘에 기러기 한 마리 저 멀리 날고
광활한 바다에 외로운 돛단배 천천히 가네.
해는 막 저물려 하는데
물가의 살구나무 꽃은 언제 필 것인가?

　시의 내용을 보니 누군가를 떠나보내는 쓸쓸한 마음이 진하게 드러나 있네요. 그림의 분위기와 시의 분위기가 잘 어울립니다. 신사임당의 그림 실력과 문학 실력을 모두 엿볼 수 있는 작품이라고 할 수 있겠습니다.

　신사임당의 산수화는 모두 서정적이고 격조 있는 그림이에요. 신사임당은 이렇게 산수화에서도 문인 화풍의 높은 화법을 보여 주었지요. 16세기 조선 중기의 문신 소세양은 신사임당의 산수화에 대해 "오묘한 생각과 뛰어난 솜씨는 다른 사람이 따라잡기 어렵다."고 적었습니다. 당시 신사임당의 산수화가 어떻게 평가 받았는지 익히 짐작이 가고도 남지요.

師任堂 제3부

신사임당 그림의 비밀과 매력을 알아보자!

신사임당이 그린 초충도의 아름다움

신사임당의 초충도에는 가지, 오이, 수박, 도라지, 패랭이, 쑥부쟁이, 양귀비, 봉선화, 어숭이, 달개비, 맨드라미 같은 식물들과 나비, 매미, 잠자리, 벌, 메뚜기, 방아깨비, 여치, 무당벌레, 사마귀, 쇠똥구리, 개미, 하늘소, 달팽이 같은 벌레와 곤충들, 그리고 쥐, 개구리, 도마뱀까지 등장합니다. 신사임당이 우리의 생활과 자연 속에서 만나는 식물과 벌레, 곤충을 소재로 삼았기 때문이지요.

거창한 선비 정신을 담거나 산수화, 문인화를 그린 것이 아니라 일상에서 만나는 것들을 화폭에 담아낸 작품들이에요. 그중에서도 특히 소소한 미물과 같은 풀과 벌레 등을 그렸다는 것에 주목해야 합니다. 단순히 여성으로서, 주부로서 가정집 마당에서 자라는 풀과 벌레를 그린 것 이상의 차원입니다. 작은 생명 하나하나에도 깊은 애정을 보여 준 것이지요. 동시에 그런 것들을 섬세하고 구체적으로 치밀

하게 관찰하여서 화폭으로 이끌어 냈다는 점 또한 매우 의미 있는 작업이라고 평가 받기에 충분합니다. 자연에 있는 온갖 사물과 현상에 대한 관심와 애정, 그리고 겸손하고 진지한 자세가 드러난 것입니다.

신사임당이 그린 초충도의 가장 큰 특징이자 매력은 일상의 자연물을 화면 속으로 끌어들였다는 점에 있습니다. 우리는 그림을 통해 다양한 생명체의 생태를 경험하게 됩니다. 그것은 자연의 아름다움, 생명의 아름다움이지요. 한낱 미물이라고 할지라도 애정을 부여하고 관찰하여 그림으로 표현했기 때문에 가능했던 겁니다.

신사임당은 이런 분위기에 어울리게 그림을 그렸습니다. 자연의 작은 생명체를 그려야 하기 때문에 과하지 않게, 소박하면서도 담백하게 있는 그대로의 모습을 화면에 구현했다는 말이지요.

그래서 신사임당의 초충도는 특히 간결하면서도 조화롭고 안정된 구도, 섬세한 표현, 산뜻하면서도 온화하고 품격 있는 색채 감각이 돋보입니다.

조화롭고 안정감 있는 구도

그림 구도를 먼저 살펴볼까요? 신사임당은 거의 모든 초충도의 화면 중앙에 가장 크고 핵심적인 식물을 배치했습니다. 그리고 그 주변에 곤충과 벌레들을 둘러싸듯 그려 넣었어요. 각각의 작품에 따라 다소 차이가 있지만 대체로 이러한 구도를 갖고 있습니다. 이를 두고 중앙집중형 구도라고 말하기도 해요. 어느 한쪽에 치우치지 않고 무게 중심을 가운데에 놓았기 때문에 전체적으로 화면에 안정감이 생깁니다. 국립중앙박물관 소장 초충도가 모두 여기에 해당합니다.

오죽헌·시립박물관의 초충도 병풍 역시 중요한 식물을 화면 한가운데에 두고 그 주변에 벌레와 곤충들을 배치했어요. 하지만 잘 들여다보면 국립중앙박

〈수박과 패랭이〉, 오죽헌·시립박물관 소장

물관 초충도와 다소 다른 점을 발견할 수 있습니다. 국립중앙박물관의 초충도 병풍보다는 훨씬 더 생동감 넘치고 시원합니다. 화면에 여백을 두어 시원하게 꾸몄기 때문이에요.

섬세한 묘사

초충도는 작은 벌레나 곤충을 그려야 하기 때문에 사실 그리기 쉽지 않습니다. 묘사력이 뛰어나야 잘 그릴 수 있지요. 신사임당의 초충도에는 여성적인 섬세함과 사실성이 잘 드러나 있습니다. 그림에 등장하는 벌레나 곤충 등은 하나같이 자세와 표정이 모두 잘 살아

있습니다. 이는 신사임당의 세밀한 관찰이 없었다면 불가능한 일입니다. 묘사력과 표현력이 모두 뛰어나야만 가능하지요.

부드럽고 온화한 색감

신사임당의 초충도는 특히 부드러운 색채가 돋보입니다. 신사임당은 실물에 가깝게 다양한 색을 쓰되, 지나치게 화려한 원색을 쓰는 것을 절제하고 부드러운 중간색을 많이 사용했습니다. 중간색은 섬세하고 온화하며 부드럽지요. 덕분에 그림의 품격과 온화함을 잘 살려 냈습니다.

〈수박과 들쥐〉, 〈가지와 방아깨비〉, 〈양귀비와 도마뱀〉 등의 작품에서는 녹색 계통의 잡초들과 빨강, 주황, 노랑, 보라, 파랑, 흰색 등을 사용한 꽃을 볼 수 있습니다. 여백은 황색으로 처리했는데, 이 배경에 여러 색을 지나치거나 강하게 표현하지 않고 전체적으로 부드럽고 원만하게 칠했습니다. 강하지 않은, 부드러운 색감이라는 점에서 한국적이라고 평가 받을 만하지요.

〈수박과 들쥐〉, 국립중앙박물관 소장

〈가지와 방아깨비〉, 국립중앙박물관 소장

〈양귀비와 도마뱀〉, 국립중앙박물관 소장

아들 율곡 덕분에 더 유명해진 초충도

신사임당 작품에 등장하는 소재는 모두 자연 환경 그 자체입니다. 날아다니는 것과 기어다니는 것을 가리지 않고 생명이 있어 꿈틀거리는 것들은 모두 화폭에 담았습니다. 사소한 미물에 대한 애정이지요. 이것만으로도 신사임당이 얼마나 자연을 사랑했는지 알 수 있습니다. 그래서 신사임당의 초충도를 두고 자연을 바라보는 동양의 미덕을 구현한 작품이라고 평가하기도 합니다.

〈이율곡 영정〉, 김은호, 오죽헌·시립박물관

신사임당의 초충도는 당시 유행했던 산수화와 문인화 중심의 틀에서 벗어나 새로운 영역을 개척해 적극적으로 그렸다는 점에서도 큰 의미가 있습니다. 생활 주변의 사소한 것에 의미를 부여했다는 것이지요. 또한 앞에서 설명한 것처럼 신사임당은 따스하고 인간적인 관점, 한국적인 색감과 분위기로 초충도를 그렸어요. 신사임당은 이런 점에서 한국적인 미의식을 표현하고 동시에 한국적인 초충도의 토대를 마련하는 데 크게 기여했습니다. 조선 전기, 가장 돋보이는 초충도로 인정 받는 것도 같은 맥락이겠지요. 중국에서 들어온 초충도가 한국적으로 자리잡게 된 것도 신사임당 덕분이랍니다.

신사임당의 초충도는 조선 시대 초충도의 전형을 이루고 후대의 화가들에게 커다란 영향을 주었습니다. 신사임당의 예술적 감각은 넷째 아들 이우와 맏딸인 매창에게 전수되었어요. 이우는 신사임당 화풍의 초충도를 그렸고, 매창 역시 어머니의 재주를 이어받아 묵죽화와 묵매화를 잘 그렸다고 하지요.

신사임당의 그림은 16세기 당시부터 명성이 높았습니다. 그런데 16세기에는 주로 산수화와 포도 그림의 명성이 높았고, 초충도는 17세기 들어서면서 많은 관심을 끌기 시작해 18세기가 되어서야 큰 인기를 누렸다고 하네요. 이런 역사적 현상을 두고 흥미로운 해석이 있어요. 그 해석은 아들인 이율곡과 연결시켜 바라보는 것입니다. 아들인 이율곡의 사회적 명성과 지위가 높아지면서 이율곡을 키워 낸 신사임당에 대한 관심도 함께 커졌고, 이런 배경 속에서 신사임당이 그린 초충도도 높은 평가를 받게 되었다는 해석이지요.

분명 잘 키운 아들의 영향도 있었을 거예요. 하지만 엄밀히 말하면 신사임당의 초충도가 아름답고 뛰어나지 않았더라면 아들의 후광도 별 영향을 미치지 못하지 않았을까요?

정선도 따라 그린 신사임당의 초충도

17, 18세기 들어 신사임당의 초충도가 높은 평가와 함께 많은 사람들의 관심을 끌면서 여러 화가들이 신사임당 화풍의 초충도를 그렸습니다. 그 가운데 가장 눈길을 끄는 것은 조선 후기의 최고 화가로 꼽히는 겸재 정선(1676-1759년)의 초충도입니다. 정선은 신사임당 화풍의 초충도를 많이 그렸어요. 간송미술관에 있는 겸재 정선의 초충도에서 확인해 볼 수 있지요.

먼저 〈수박과 들쥐〉를 볼까요? 세로로 길죽한 화면 한가운데에 커다란 수박이 있고 들쥐 두 마리가 수박 아래쪽을 열심히 파먹고 있군요. 수박의 넝쿨과 잎이 살아 있는 것처럼 주변으로 뻗어 있습니다.

〈수박과 들쥐〉 정선. 비단에 채색. 30.5×20.8cm. 간송미술관 소장

오른쪽에 한 줄기 바랭이풀이 있고, 수박 아래에는 보랏빛 달개비꽃이 여러 송이 피어 있어요. 수박, 바랭이풀, 달개비꽃, 들쥐가 서로 어울리면서 시원하고 역동적인 분위기를 연출하고 있습니다.

이 그림을 보니 국립중앙박물관에 있는 신사임당의 초충도 〈수박과 들쥐〉가 떠오르지 않나요? 200년 가까운 세월이 흐른 뒤 정선이 신사임당의 초충도를 모방해 그린 것 같네요.

〈가지와 두꺼비〉 정선, 비단에 채색, 30.5×20.8cm, 간송미술관 소장

그런데 이 작품의 구도가 신사임당의 〈수박과 들쥐〉와는 사뭇 다릅니다. 구도로 치자면 오히려 오죽헌·시립박물관에 있는 〈수박과 패랭이꽃〉과 흡사해 보입니다. 두 작품 모두 화면 한가운데 커다란 수박을 배치했지요.

이 작품을 잘 관찰해 보면 신사임당의 작품과 다른 점을 발견할 수 있습니다. 신사임당의 그림이 정적이라면 정선의 그림은 동적입니다. 또, 신사임당의 그림이 조심스럽고 단정하다면 정선의 그림은 과감하고 호방한 편입니다.

다음으로 정선의 〈가지와 두꺼비〉를 보겠습니다. 화면 왼쪽 아래에서 오른쪽 위로 가지의 줄기가 쭉 뻗어 있고 줄기에 가지들이 탐스럽게 매달려 있습니다. 가지의 줄기와 잎, 열매가 매우 사실적입니다. 통통한 가지와 아직 열매를 맺지 못한 가지 꽃이 생동감 넘치게 그려져 있고, 그 옆에 도라지꽃이 예쁘게 피었습니다.

가지의 줄기 아래에는 큼지막한 두꺼비가 먹이를 노려보고 있네요. 먹이가 어디 있나 보니, 두꺼비 앞에 작은 벌 한 마리가 날아가고 있군요. 두꺼비도 매우 인상적입니다. 우선 오톨도톨 튀어나온 두꺼비 등짝이 눈에 들어옵니다. 실제 두꺼비를 보는 듯하지요. 두꺼비의 자세도 재미있습니다. 툭 튀어나온 눈알로 먹잇감을 노려보면서 엉금엉금 기어 나오는 모습이군요. 지금은 어슬렁거리지만 곧 먹이를 낚아채기 위해 잽싸게 움직이겠지요. 긴장감 넘치는 순간이라고 할 수 있습니다. 이 긴장감에 아랑곳하지 않고 화면 아래쪽에는 쇠똥벌레가 평화롭게 똥을 굴리고 있어요. 참으로 흥미로운 풍경입니다.

특히 이 그림은 화면을 대각선으로 가로지르는 커다란 잎사귀들이 보는 사람을 압도합니다. 화면 오른쪽 아래 일부는 여백으로 남겨 두었네요. 그림이 전체적으로 과감하고 생동감이 넘칩니다.

이 작품은 화면의 구도에서 신사임당의 초충도와 큰 차이가 있습니다. 신사임당의 초충도는 대부분 중앙집중형이지만, 정선의 이 그림은 화면 왼쪽으로 가지의 줄기가 치우쳐 있습니다. 신사임당의 초충도가 안정된 구도를 추구했다면, 정선의 그림은 생동감과 변화를 추구한 것이지요.

간송미술관에 있는 정선의 또다른 초충도 〈여뀌와 매미〉도 매력적입니다. 이 그림을 보면 붉은 꽃술을 매단 여뀌 한 포기가 있고 그 줄기에 매미 한 마리가 매달려 있지요. 여뀌 사이로 바랭이풀도 보이고요. 그런데 그림을 곰곰이 들여다보면 그동안 보아 온 초충도와 분위기가 많이 다르다는 것을 느낄 수 있습니다. 이 그림은 넉넉하고 상쾌한 초가을 풍경화 같습니다. 깨끗하고 담백한 분위기여서 예로부터 문인 선비들이 좋아했다고 합니다. 그래서인지 정선의 〈여뀌와 매미〉는 여느 초충도와 달리 문인화의 냄새가 물씬 풍깁니다.

〈수박과 들쥐〉, 〈가지와 두꺼비〉, 〈여뀌와 매미〉에서 알 수 있듯이 정선은 신사임당의 초충도를 이어받았지만, 그와 다른 새로운 초충도를 그렸습니다. 좀 더 과감하고 개성이 넘치는 초충도, 더욱 깊이 있는 문인화풍의 초충도라고 할 수 있지요. 다시 말하면 정선은 초충도를 문인화로 끌어올려 그 품격을 높였습니다. 신사임당이 본격적으로 시작한 조선 시대 초충도의 전통은 18세기 정선에 이르러 한 단계 더 도약하면서 꽃을 피웠답니다.

〈여뀌와 매미〉 정선, 비단에 채색, 30.5×20.8cm, 간송미술관 소장

초충도는 수를 놓기 위한 그림?

　신사임당의 초충도를 얘기할 때, 자수와의 연관성을 빼놓을 수 없습니다. 자수는 옷감이나 헝겊 따위에 여러 가지의 색실로 그림, 글자, 무늬 등을 수놓는 것을 말하지요. 자수는 조선 시대 여성들의 일상 생활의 일부였습니다.

　신사임당이 남긴 초충도의 특성을 보면 자수의 밑그림으로 활용되었을 가능성

초충도 자수 병풍

제4폭 〈여주와 들쥐〉

제3폭 〈원추리와 들국화〉

제2폭 〈맨드라미와 도마뱀〉

제1폭 〈오이와 두꺼비〉

이 높습니다. 게다가 신사임당은 자수에도 능했다고 합니다. 그래서 신사임당 자신이 그린 초충도를 밑그림으로 삼아 직접 자수를 했을 것으로 추정하고 있지요.

동아대학교 박물관이 소장하고 있는 초충도 자수 병풍이 그 가능성을 뒷받침해 줍니다. 이 작품은 그림이 아니라 검은색 비단에 수를 놓은 자수입니다. 신사임당이 그린 초충도를 밑그림으로 삼아 직접 수를 놓은 병풍이지요. 보물 제595호로

초충도 자수 병풍

제8폭 〈들국화〉

제7폭 〈가지와 쇠뜨기〉

제6폭 〈수박과 들국화〉

제5폭 〈민들레와 패랭이〉

지정된 이 초충도 자수 병풍은 모두 여덟 폭으로 구성되어 있어요. 자수지만 회화적인 작품이라고 할 수 있을 정도로 수준이 높고 뛰어납니다.

자수 병풍의 소재나 내용은 신사임당의 다른 초충도와 비슷합니다. 제1폭은 〈오이와 두꺼비〉, 제2폭은 〈맨드라미와 도마뱀〉, 제3폭은 〈원추리와 들국화〉, 제4폭은 〈여주와 들쥐〉, 제5폭은 〈민들레와 패랭이〉, 제6폭은 〈수박과 들국화〉, 제7폭은 〈가지와 쇠뜨기〉, 제8폭은 〈들국화〉입니다.

그중 4폭 〈여주와 들쥐〉는 모습이 무척 흥미롭습니다. 한가운데에 큼지막한 여주가 있고, 줄기와 넝쿨, 잎사귀들이 다소 복잡하게 얽혀 있으며, 여주 열매가 멋지게 매달려 있어요. 땅에는 다 익은 여주 열매 하나가 떨어져 있고요. 떨어진 여주 열매를 작은 들쥐 세 마리가 열심히 파먹고 있습니다. 두 마리는 아예 열매 위로 올라가 열심히 파먹고 있는데 그 모습이 꽤 귀엽습니다.

5폭은 구도가 매우 독특합니다. 땅에 맞닿은 뿌리 부분에서 줄기와 잎사귀들이 위로 쭉 뻗어 올라갔어요. 그런데 그 모습이 부챗살을 펼쳐놓은 듯하군요.

8폭도 특이한 초충도입니다. 한 마리의 곤충이나 벌레 없이 들국

〈여주와 들쥐〉 초충도 자수 병풍 중 4폭

〈민들레와 패랭이〉 초충도 자수 병풍 중 5폭   〈들국화〉 초충도 자수 병풍 중 8폭

화만 수를 놓아 표현했기 때문이지요. 그동안 보아 온 신사임당의 초충도와 완전히 다른 형식임을 알 수 있습니다.

5폭과 8폭은 식물을 전체 화면에 펼쳐서 채우는 구도를 구사했습니다. 신사임당의 다른 초충도와 구도가 다소 다르지요.

동아대학교 박물관에 있는 초충도 자수 병풍은 검은색 비단을 바탕으로 삼아 실의 색깔이 잘 드러나도록 했습니다. 그래서인지 오랜 세월이 지났음에도 황색, 청색, 갈색, 자주색 등 실의 색깔이 비교적 잘 남아 있군요. 이런 점만 보아도 신사임당은 자수를 예술의 수준으로 끌어올렸다고 평가 받기에 충분합니다.

5만 원권에 신사임당이 등장하는 까닭

우리나라 화폐에는 다양한 문화유산의 디자인이 들어가 있어요. 종이 화폐를 보면 앞면에 역사적인 인물의 초상이, 뒷면에 그 인물과 관련된 문화유산의 모습이 담겨 있지요. 예를 들어 살펴볼까요? 1만 원권 앞면에는 세종 대왕, 5000원권 앞면에는 이율곡, 1000원권 앞면에는 이퇴계의 초상이 들어 있습니다. 그리고 5만 원권 앞면에는 신사임당의 초상이 들어가 있지요. 100원짜리 동전의 앞면에는 이순신 장군의 초상이 들어가 있군요.

그런데 나머지 동전은 좀 다릅니다. 500원짜리 동전의 앞면에는 역사적인 인물이 아니라 학이 들어가 있습니다. 50원짜리 동전의 앞면에는 벼이삭이, 10원짜리 동전의 앞면에는 다보탑이, 5원짜리 동전의 앞면에는 거북선이, 1원짜리 동전의 앞면에는 무궁화가 들어가 있어요.

조금씩 다르긴 하지만 전체적으로 우리나라 화폐에는 역사적 인물과 문화재가 담겨 있다는 사실을 알 수 있습니다.

그럼 화폐에 왜 역사적 인물과 문화유산을 넣는 것일까요? 화폐에 역사적 인물

을 넣는 것은 그 인물을 통해 화폐의 권위와 신뢰감을 표현할 수 있고, 동시에 한국의 정체성을 널리 알릴 수 있기 때문입니다. 여기에 그 인물이 만들었거나 사용했던 문화유산, 혹은 관련된 문화유산을 함께 넣는다면 그 인물과 인물이 살았던 시대를 좀 더 잘 보여 줄 수 있겠지요.

우리나라에서 5만 원권이 처음 발행된 것은 2009년이었습니다. 5만 원권은 발행 전부터 세간의 화제가 되었지요. 국내의 최고액권인 5만 원권이라는 점, 여기에 여성인 신사임당이 주인공으로 들어간다는 점 등에서 많은 관심을 끌었답니다. 더구나 5000원권에 실린 이율곡과 함께 모자가 화폐에 인물로 등장하는 진기록을 세워 더욱 화제가 되었지요. 어머니와 아들이 한 나라의 화폐에 등장한다는 것은 세계적으로도 유례가 없는 일이니까요.

2009년 당시 한국은행이 신사임당을 5만 원권의 도안 인물로 정할 때 이유를 이렇게 설명했습니다. "우리 사회의 양성 평등 의식을 높이고, 여성의 사회 참여에 긍정적으로 기여하며, 문화를 중시하는 시대 정신을 반영하고, 자녀의 재능을 살린 교육적 성취를 통하여 교육과 가정의 중요성을 환기시키는 효과를 기대한다."고 말이지요.

　5만 원권의 앞면에는 신사임당 초상과 신사임당의 작품으로 전해 오는 〈포도도〉와 초충도 자수 병풍의 7폭인 가지 그림이 들어갔습니다. 뒷면에는 16세기 화가인 어몽룡의 매화 그림 〈월매도〉와 조선 시대 최고 묵죽화가 이정의 〈풍죽도〉가 들어갔지요. 다른 화폐와 달리 5만 원권은 앞면 뒷면을 모두 전통 그림으로 디자인한 셈입니다.

　5만 원권 앞면에 들어간 신사임당의 〈포도도〉는 앞에서 살펴본 것처럼 포도 그림의 명품입니다. 포도송이와 잎이 살아 있는 듯 생생하고 아름답게 묘사되어 있어요.

　5만 원권의 뒷면에 들어간 그림들은 신사임당의 그림은 아니지만 역시 조선 시대의 빼어난 그림들입니다. 어몽룡의 〈월매도〉는 조선 시대 전통 매화 그림 가운데 손꼽히는 명품이지요. 오랜 세월 차가움을 견디며 늘 앞서서 봄을 맞았던 매화의 품격이 그대로 전해 오는 듯합니다. 어린 매화가 아니라 오랜 세월 온갖 시련을 겪어 낸 오래된 고목 매화이기에 그 품격이 더 대단합니다. 왼쪽 위로는 달이 둥글게 떠 있어 분위기가 더욱 서정적이군요.

　이정이 〈풍죽도〉는 조선 시대 최고의 대나무 그림으로 꼽입니다. 그림을 살펴보면 대나무 한 그루가 화면 한복판을 가로 질러 위로 뻗어 올라갔어요. 댓잎들은 그 움직임이 서로 엉키면서 휘몰아치는 바람과 당당히 맞서고 있는 모습입니다. 조선 시대 선비들은 시련을 견디어 내는 대나무의 생태를 늘 배우고 익히며 대나무처럼 살아가겠다고 다짐했답니다.

　5000원권에는 신사임당의 아들인 이율곡이 등장합니다.

　5000원권에는 강릉 오죽헌, 전통 창호, 전통 조각보, 신사임당 초충도가 담겨 있어요. 5000원권 앞면에는 신사임당과 이율곡이 태어난 강릉 오죽헌과 검은 대

나무인 오죽이 등장합니다. 우리 전통 가옥의 창호 디자인도 보이는군요.

뒷면에는 이율곡의 어머니인 신사임당의 초충도가 들어 있습니다. 오죽헌·시립박물관이 소장하고 있는 초충도 8폭 병풍 가운데 3폭인 〈수박과 여치〉와 5폭인 〈맨드라미와 개구리〉를 넣었음을 알 수 있어요. 초충도의 바탕에는 희미하게 기하학적 무늬가 보입니다. 이것은 다름 아닌 조선 시대 조각보입니다. 조각보는 조선 시대 사람들이 자투리 옷감을 이어 만든 보자기입니다. 그 색깔과 디자인이 매우 아름답고 세련되어서 한국인은 물론 외국인들까지 무척 좋아하는 우리의 전통 문화유산입니다.

그런데 여기서 궁금한 점이 하나 있어요. 5만 원짜리보다 5000원짜리에 초충도가 더 비중 있게 등장한다는 사실입니다. 초충도를 그린 사람은 신사임당인데 말이지요. 왜 신사임당이 등장하는 5만 원짜리보다 이율곡이 등장하는 5000원짜리에 초충도가 더 크게 들어 있을까요? 바로 5만 원짜리보다 5000원짜리를 먼저 만들었기 때문이에요. 5000원짜리을 제작할 때는 훗날 5만 원짜리를 만들 것으로는 생각하지 못했습니다. 그러다 보니 5000원짜리 뒷면에 이율곡의 어머니인 신사임당의 초충도를 비중 있게 넣었지요.

우리가 매일 사용하는 5만 원권과 5000원권에는 이렇게 신사임당의 그림이 여럿 들어 있습니다. 신사임당의 그림이 그만큼 뛰어났음을 말해주는 것이지요.

찾아보기

미술 작품

〈가지와 두꺼비〉(정선) 157
〈가지와 방아깨비〉(국립중앙박물관) 50, 58, 59, 60, 61, 153
〈가지와 사마귀〉(오죽헌·시립박물관) 98, 100, 110, 111
〈가지와 쇠뜨기〉(초충도 자수 병풍) 161
〈국정추묘〉(변상벽) 125
〈꽃과 나비〉(남계우) 125
〈꽈리와 잠자리〉(사임당화첩) 126, 130, 131
〈들국화〉(초충도 자수 병풍) 161, 163
〈맨드라미와 개구리〉(간송미술관) 80, 127, 140, 141
〈맨드라미와 개구리〉(오죽헌·시립박물관) 80, 92, 101, 114, 115
〈맨드라미와 도마뱀〉(초충도 자수 병풍) 161
〈맨드라미와 쇠똥벌레〉(국립중앙박물관) 51, 62, 76, 77, 78, 79
〈묵매도〉 47
〈묵포도〉(황집중) 139
〈물봉선화와 쇠똥벌레〉(오죽헌·시립박물관) 100, 104, 105
〈물새〉 43, 126, 134, 135
〈물소〉 43, 126, 132, 133
〈민들레와 패랭이〉(초충도 자수 병풍) 161, 163
〈봉선화와 잠자리〉(오죽헌·시립박물관) 101, 120, 121
〈산수화〉 39, 40, 126, 144, 145, 146, 146
〈송하맹호도〉(김홍도와 강세황) 125
〈수박과 나비〉(간송미술관) 62, 127, 142, 143
〈수박과 들국화〉(초충도 자수 병풍) 161

〈수박과 들쥐〉(국립중앙박물관) 50, 52, 53, 54, 55, 153
〈수박과 들쥐〉(정선) 156
〈수박과 여치〉(오죽헌·시립박물관) 56, 100, 108, 109
〈수박과 패랭이〉(사임당화첩) 56, 74, 98, 126, 128, 129, 152
〈양귀비와 도마뱀〉(국립중앙박물관) 50, 70, 71, 72, 73, 153
〈양귀비와 풀거미〉(오죽헌·시립박물관) 101, 116, 117
〈어숭이와 개구리〉(국립중앙박물관) 51, 88, 89, 90, 91
〈여뀌와 매미〉(정선) 159
〈여뀌와 사마귀〉(국립중앙박물관) 51, 94, 95, 96, 97
〈여주와 들쥐〉(초충도 자수 병풍) 161, 162
〈오이와 개구리〉(국립중앙박물관) 50, 64, 65, 66, 67, 68

주요 주제

〈오이와 두꺼비〉(초충도 자수 병풍) 161
〈오이와 메뚜기〉(오죽헌·시립박물관) 68, 74, 100, 102, 103
〈원추리와 개구리〉(국립중앙박물관) 51, 82, 83, 84, 85, 86, 92
〈원추리와 들국화〉(초충도 자수 병풍) 161
〈원추리와 벌〉(오죽헌·시립박물관) 86, 101, 122, 123
〈월하고주도〉 40, 126, 145
〈포도도〉 21, 42, 127, 136, 137, 138, 139

5000원권 167
《격몽요결》 33
《선비행장》 20
〈유대관령망친정〉 24
〈춘작보희도〉(김홍도) 124
《패관잡기》 22, 41
개구리 92, 93
개구리 모양 연적 93
거북 모양 백동제 낙관 107
나비 그림 62, 63
나비 모양 노리개 63
나비 모양 단추 63
나비 모양 뒤꽂이 63
나비 문양 운혜 63
나비형 대삼작 노리개 63
나팔꽃 94, 95
당랑거철 99
도라지꽃 91
두꺼비 모양 연적 93
매미 82, 83, 84, 85, 86, 87
매화 문양 사방탁자 75
매화 문양 접시 75

찾아보기

주요 주제

매화도 75

맨드라미 76, 77, 80, 81

문자 그림(문자도) 112, 113

문자도 병풍 113

박쥐 모양 서안 57

박쥐 문양 목침 57

박쥐 연꽃 무늬 촛대 57

사마귀 98, 99

사친 26

선추 107

솔선수범 31

쇠똥벌레 78

수 자 무늬 접시 57

수 자 무늬 주발 57

수박 56, 57

수복 자 무늬 혼수함 57

신사임당 영정 16

신사임당의 글씨 23

신사임당의 무덤 18

신사임당의 자녀들 34

십장생 문양 베갯모 107

십장생도 106

어몽룡의 〈월매도〉 166

어해도 69, 81

연꽃과 원앙 그림 69

영모화 41

오만 원권 164, 165

오이 68

오죽 46

오죽헌 44, 45

율곡매 47

이원수 16, 17

이율곡 영정 154

임영 25

장수 106

전칭작 36

책가도 118, 119

책가도 여덟 폭 병풍 119

책가도 여섯 폭 병풍 119

청화백자운용문병 107

초충도 21, 37, 38, 150, 151, 152, 153

초충도 자수 병풍 160, 161, 162, 163

패랭이꽃 70, 71, 74, 75

포도 그림 41

학 문양이 새겨진 함 107

화조화 69, 124, 125